U0035466

利人利己，盡力而為。
利人而不損己，也可為。
利人而損己，勉也可為。
損人而利己，切不可為。

——盧文錦

1998年9月22日于Reunion（留尼聯）Tampon市與市長合照留念

（上）（下）盧文錦在德國美軍基地訓練美軍284大隊憲兵連徒手奪刀術

（上圖）美國海豹四隊　（下圖）美國聯邦調查局學府

2002年贈汶萊共和國國皇親繕書法「天下仁君」

TSUTOMU
OHSHIMA

ASSEMBLÉE
NATIONALE

RÉPUBLIQUE FRANÇAISE
LIBERTÉ-ÉGALITÉ-FRATERNITÉ

André THIEN AH KOON
DÉPUTÉ DE LA RÉUNION
MAIRE DU TAMPON

Le 15 juillet 2002

SIFU LO MAN KAM
31 Alley 51, Lane 12, PA TEK RD
Sec 3, 4 F1, Taipei

Très cher Maître,

Monsieur Muller LAURET, professeur d'arts martiaux dans ma Commune et l'un de vos représentants à l'Ile de la Réunion, m'a informé de son projet d'organisation de stage, sous votre haute collaboration, au Tampon pour la semaine du 23 octobre au 3 novembre 2002.

J'ai l'honneur et le grand plaisir de vous préciser que j'adhère totalement à cette initiative qui réitère d'ailleurs la même opération ayant eu lieu ici il y a environ quatre ans et qui avait recueilli un très grand succès sportif.

Je vous invite donc, tout à fait officiellement, en ma qualité de Député de la France et de Maire du Tampon, mais aussi en collaboration avec l'Office Municipal des Sports de la Ville, à vous rendre sur notre territoire communal où vous serez reçu pendant la semaine de référence avec tous les égards dus à votre rang. Nous serons particulièrement honorés de votre accord et c'est pourquoi je vous invite à bien vouloir entreprendre les démarches administratives de demande d'autorisation de séjour dès à présent.

J'invite également l'ensemble des autorités Françaises à l'Etranger à faciliter vos démarches en vue de l'octroi du visa et je vous autorise naturellement à cet effet, à produire le présent document soit à l'appui de tout dossier administratif, soit auprès de toute autorité Consulaire ou Diplomatique susceptible d'instruire votre demande.

Me réjouissant déjà de vous accueillir une nouvelle fois ici à la Réunion et plus précisément au Tampon, je vous prie de croire, très cher Maître, à l'assurance de ma déférente considération.

Bien cordialement

André THIEN AH KOON

ASSEMBLÉE NATIONALE : 126, Rue de l'Université - 75355 Paris 0758 - Tél : 01.40.63.73.54 - Fax : 01.40.63.79.64
MAIRIE DU TAMPON : B.P. 449 - 97839 Le Tampon Cedex - Tél : 02.62.57.86.86 - Fax : 02.62.27.22.11 - Télex : 916 622

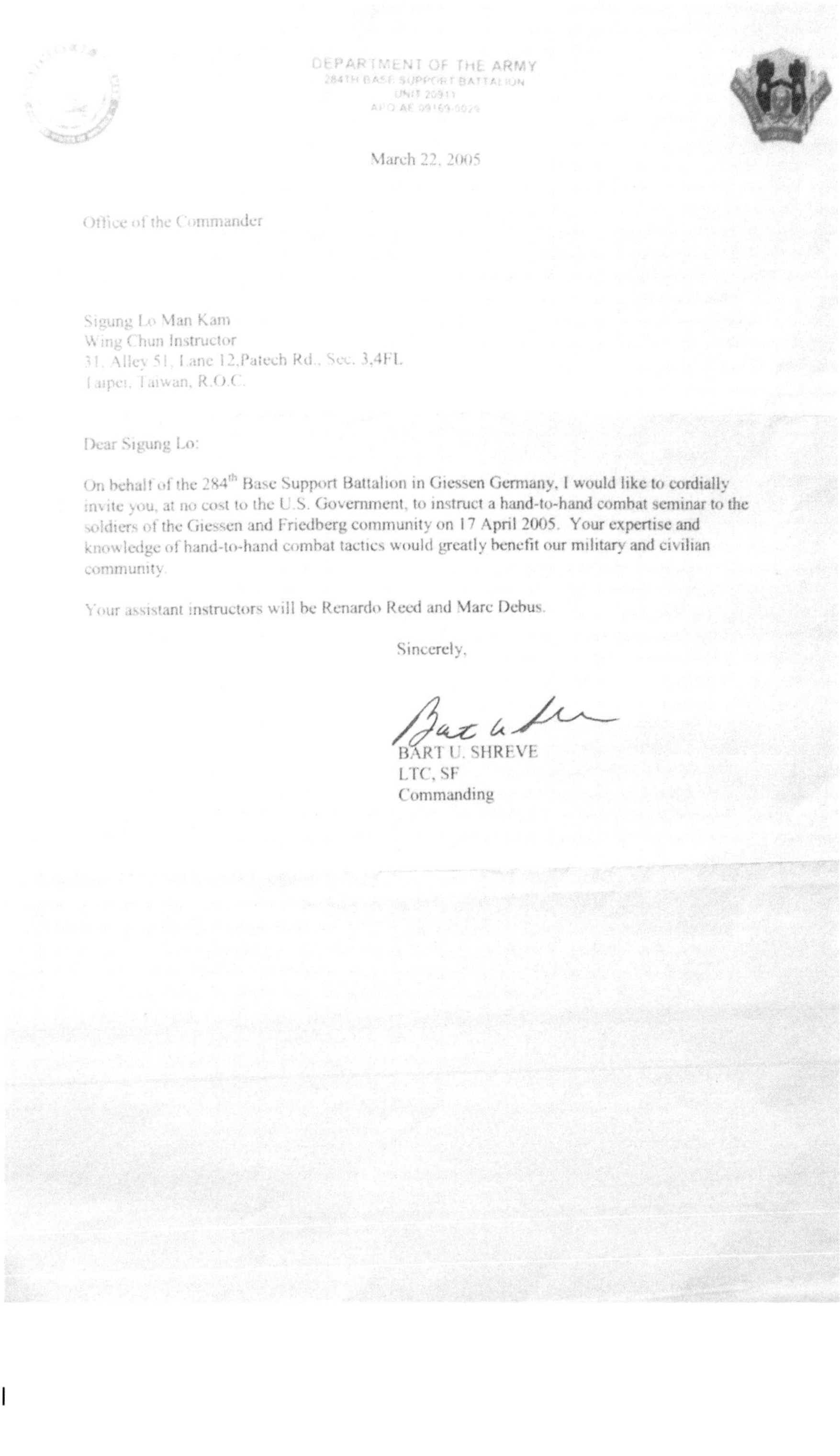

DEPARTMENT OF THE ARMY
284TH BASE SUPPORT BATTALION
UNIT 20911
APO AE 09169-0029

March 22, 2005

Office of the Commander

Sigung Lo Man Kam
Wing Chun Instructor
31, Alley 51, Lane 12,Patech Rd., Sec. 3,4FL
Taipei, Taiwan, R.O.C.

Dear Sigung Lo:

On behalf of the 284th Base Support Battalion in Giessen Germany, I would like to cordially invite you, at no cost to the U.S. Government, to instruct a hand-to-hand combat seminar to the soldiers of the Giessen and Friedberg community on 17 April 2005. Your expertise and knowledge of hand-to-hand combat tactics would greatly benefit our military and civilian community.

Your assistant instructors will be Renardo Reed and Marc Debus.

Sincerely,

BART U. SHREVE
LTC, SF
Commanding

Ville de
RONCHIN

ATTESTATION

Je soussigné, Monsieur Michel LAIGNEL, Maire, Conseiller Général, certifie que Monsieur Sifu Lo Man Kam , domicilié, 31, alley 51, Lane 12, Pa tek RD, Sec 3, 4 FP TAIPEI – TAIWAN est bien l'hôte de la Municipalité et des Arts Martiaux Ronchinois pour la période du 12 au 27 Février 2000 pour l'organisation du stage de Wing Chun.

Les frais de séjour (voyage, hébergement et nourriture) seront entièrement pris en charge par les Arts Martiaux Ronchinois et la Municipalité.

En foi de quoi je dresse et délivre la présente attestation.

Pour servir et valoir ce que de droit
Fait à Ronchin, le 14 Janvier 2000
Le Maire
Conseiller Général

MAIRIE DE RONCHIN (Nord) R.F. SERVICE des SPORTS

Michel LAIGNEL

Toute la correspondance doit être adressée à : Monsieur le Maire
Hôtel de Ville - 650 Avenue Jean-Jaurès - 59790 RONCHIN

Fax : 03.20.86.09.00 *Tél. 03.20.16.60.00*

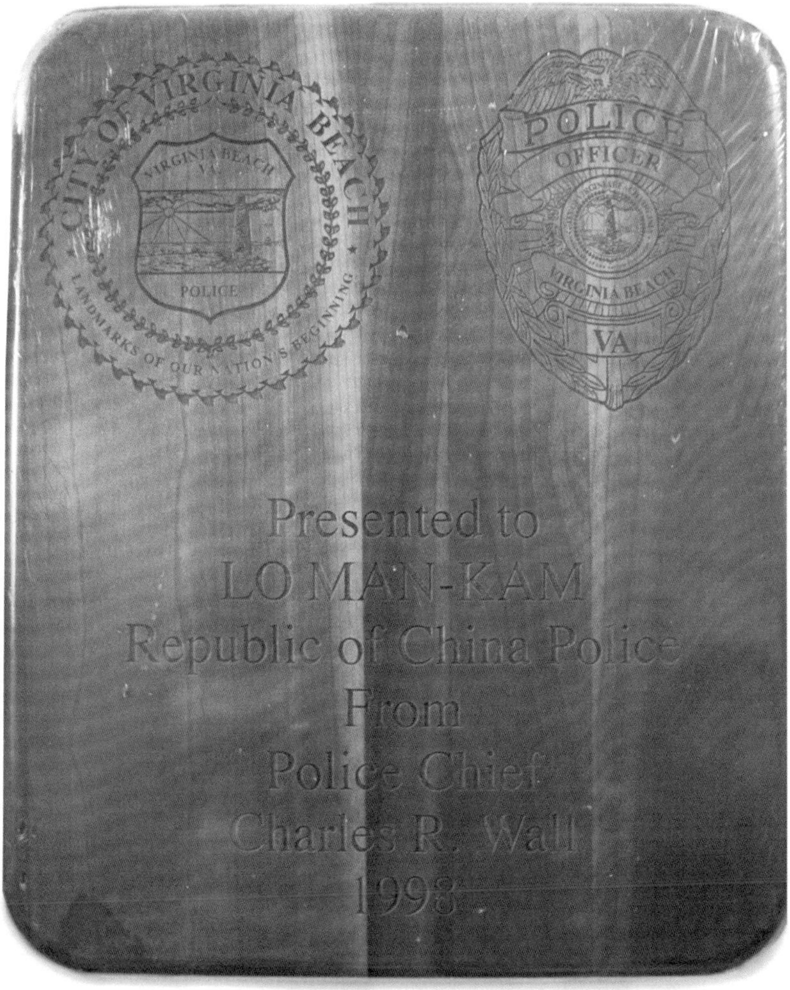
CITY OF VIRGINIA BEACH
LANDMARKS OF OUR NATION'S BEGINNING
VIRGINIA BEACH
VA
POLICE
POLICE
OFFICER
VIRGINIA BEACH
VA
Presented to
LO MAN-KAM
Republic of China Police
From
Police Chief
Charles R. Wall
1998

USAG GIESSEN
COMBAT TACTICS II
2005

MAINTAIN SWORD AND FLAME

SUSTAIN SUPPORT DEFEND

this

Scroll of Appreciation

is presented to MASTER LO MAN KAM

For outstanding contributions & support of
Combat Tactics Training II

Your tireless efforts enabled the garrison Soldiers
and members to train safely and realistically.
Your notable participation has allowed for the soldiers
to be Combat efficient.
Great work and thank you for your critically important,
active involvement, many thanks for a
! Job Superbly Done !

26 September 2005

ANTONIO J. AMOS
LTC, CM
Commanding

內政部
警政署 保安警察第一總隊維安特勤隊第一期結訓合

美國維吉尼亞州海岸警察局局長蒞訪合影留念 (1996.11.05)

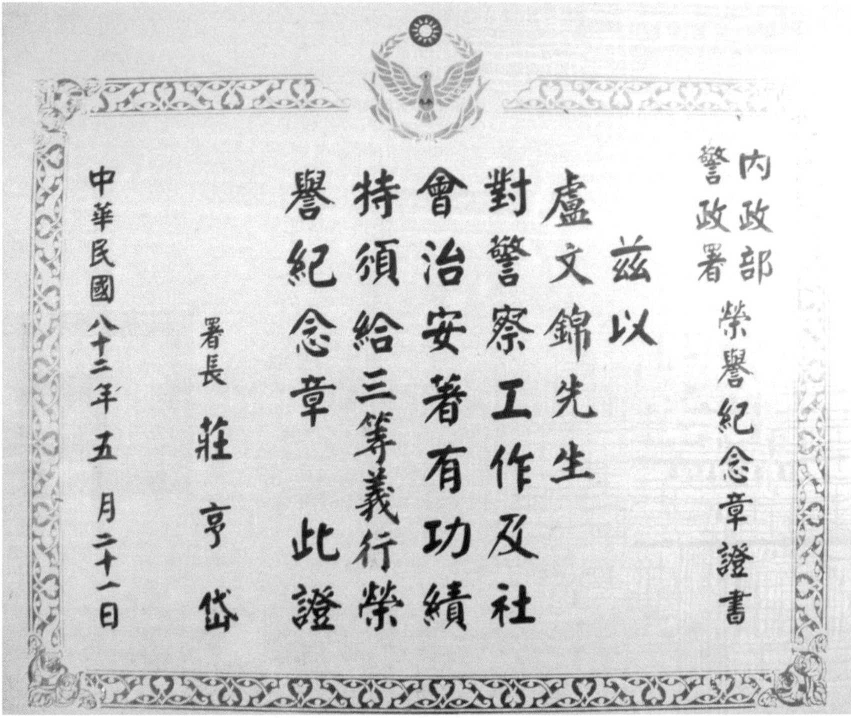
內政部
警政署 榮譽紀念章證書
茲以
盧文錦先生
對警察工作及社
會治安著有功績
特須給三等義行榮
譽紀念章 此證
署長 莊亨岱
中華民國八十二年五月二十一日

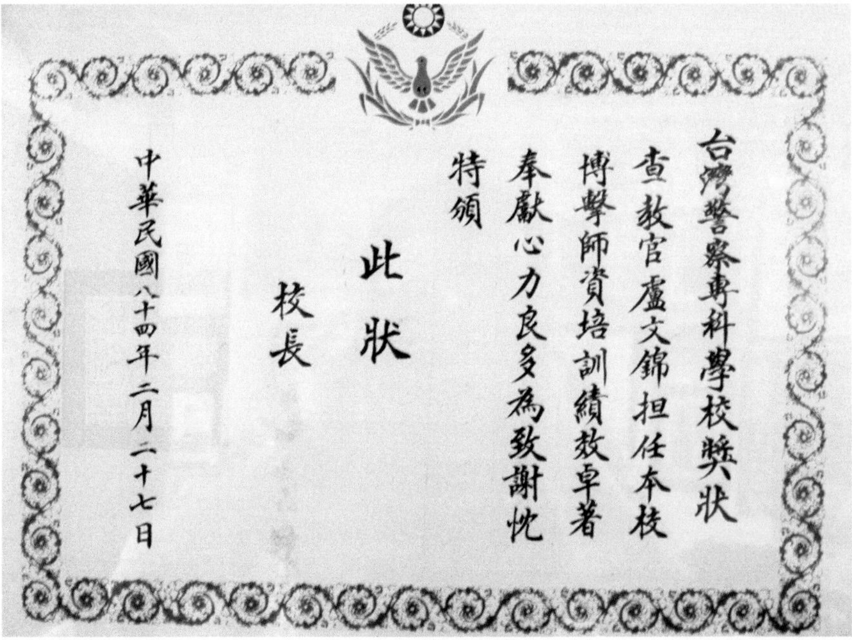
台灣警察專科學校獎狀
查教官盧文錦担任本校
博擊師資培訓績效卓著
奉獻心力良多為致謝忱
特頒
此狀
校長
中華民國八十四年二月二十七日

司法院司法人員研習所聘書

(96)司研敬聘字第 62663 號

茲敦聘

盧文錦 先生擔任本所 96 年第 2 期法警專業訓練之警械使用訓練課程講座

此聘

所長 沈守敬

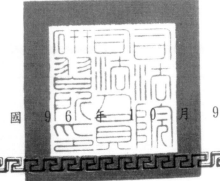

中 華 民 國 96 年 10 月 9 日

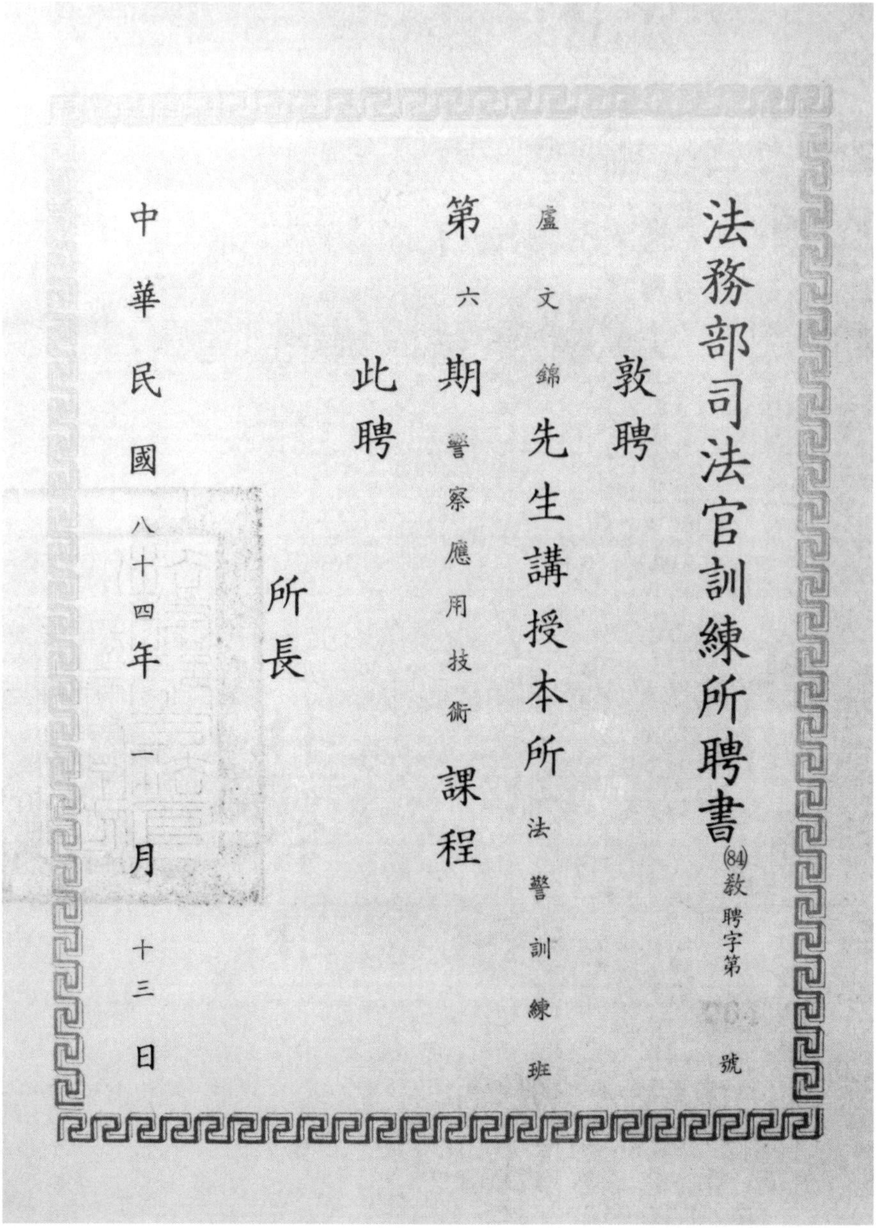

法務部司法官訓練所聘書

(84)敦聘字第　號

敦聘

盧文錦先生講授本所法警訓練班

第六期警察應用技術課程

此聘

所長

中華民國八十四年一月十三日

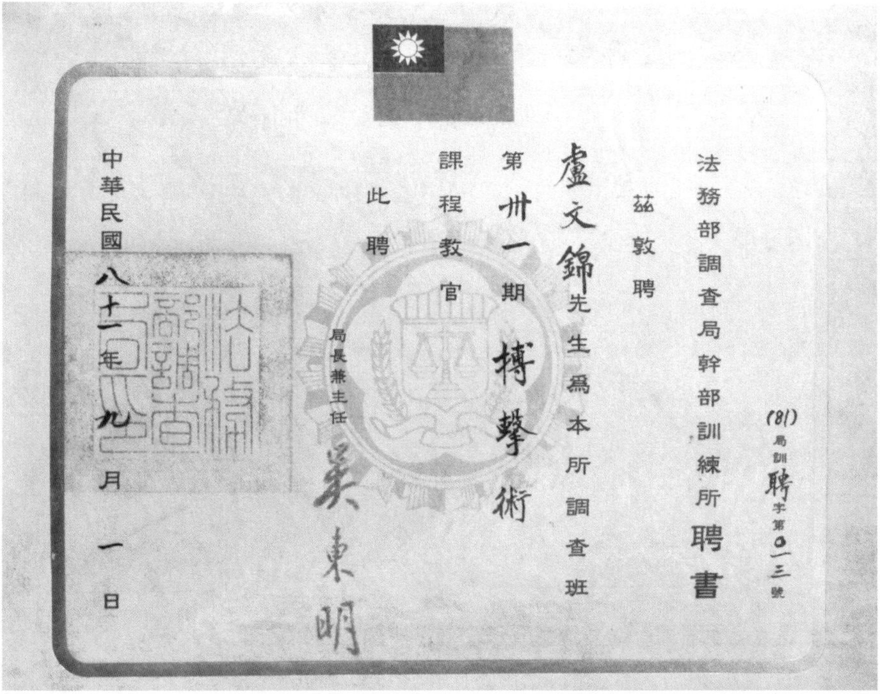
(81)局訓聘字第〇一三號
法務部調查局幹部訓練所聘書
茲敦聘
盧文錦先生為本所調查班
第卅一期搏擊術
課程教官
此聘
局長兼主任 吳東明
中華民國八十一年九月一日

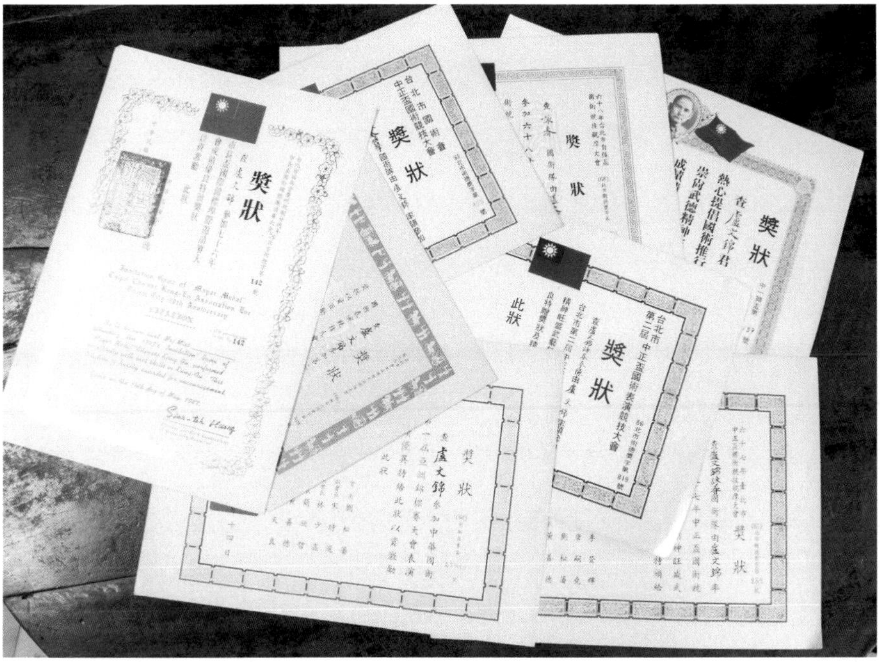

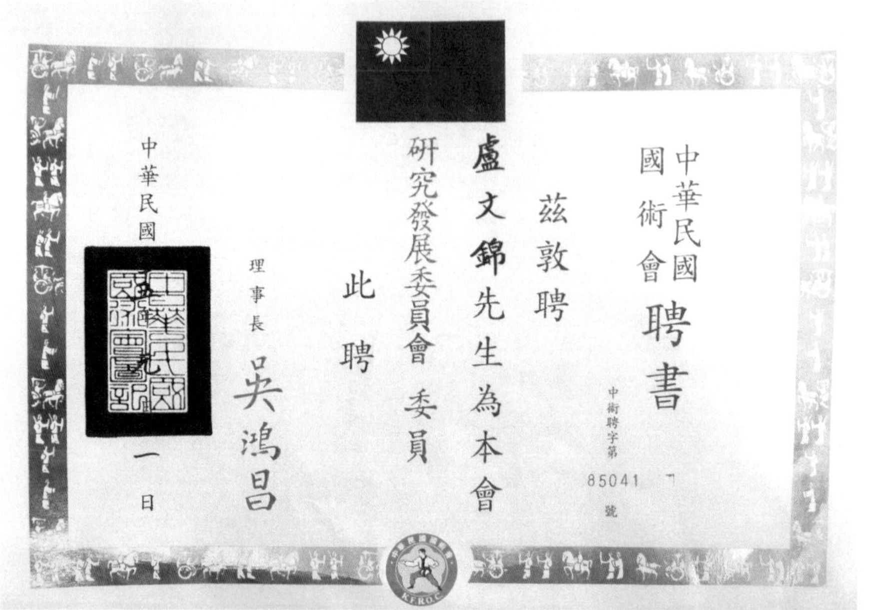

中華民國國術會
聘書

中術聘字第85041號

茲敦聘
盧文錦先生為本會
研究發展委員會 委員

此聘

理事長 吳鴻昌

中華民國 …… 一日

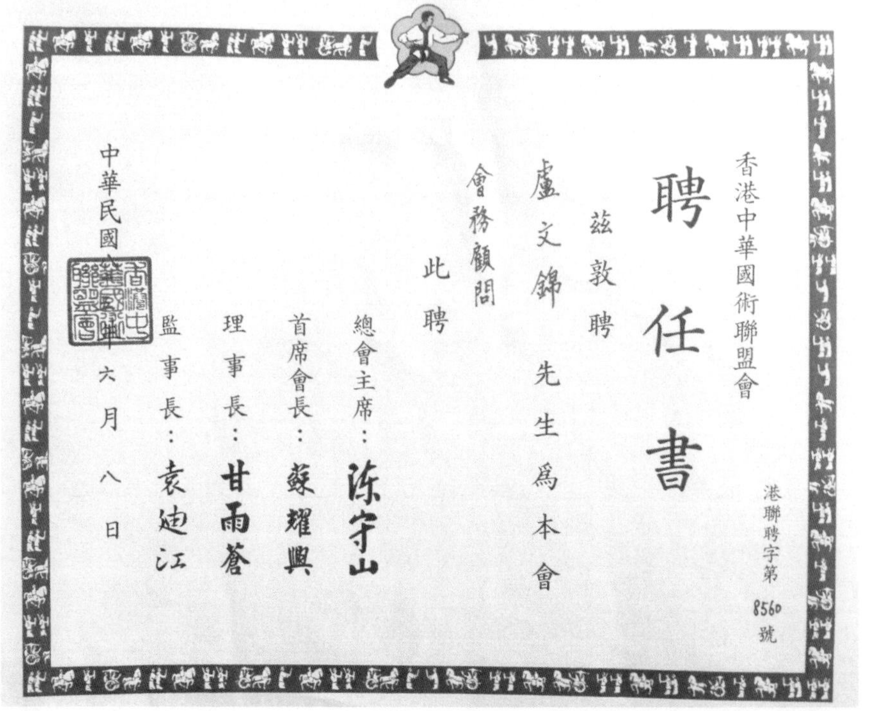

香港中華國術聯盟會
聘任書

港聯聘字第8560號

茲敦聘
盧文錦 先生爲本會
會務顧問

此聘

總會主席：陈守山
首席會長：蘇耀興
理事長：甘雨蒼
監事長：袁迪江

中華民國 …… 六月八日

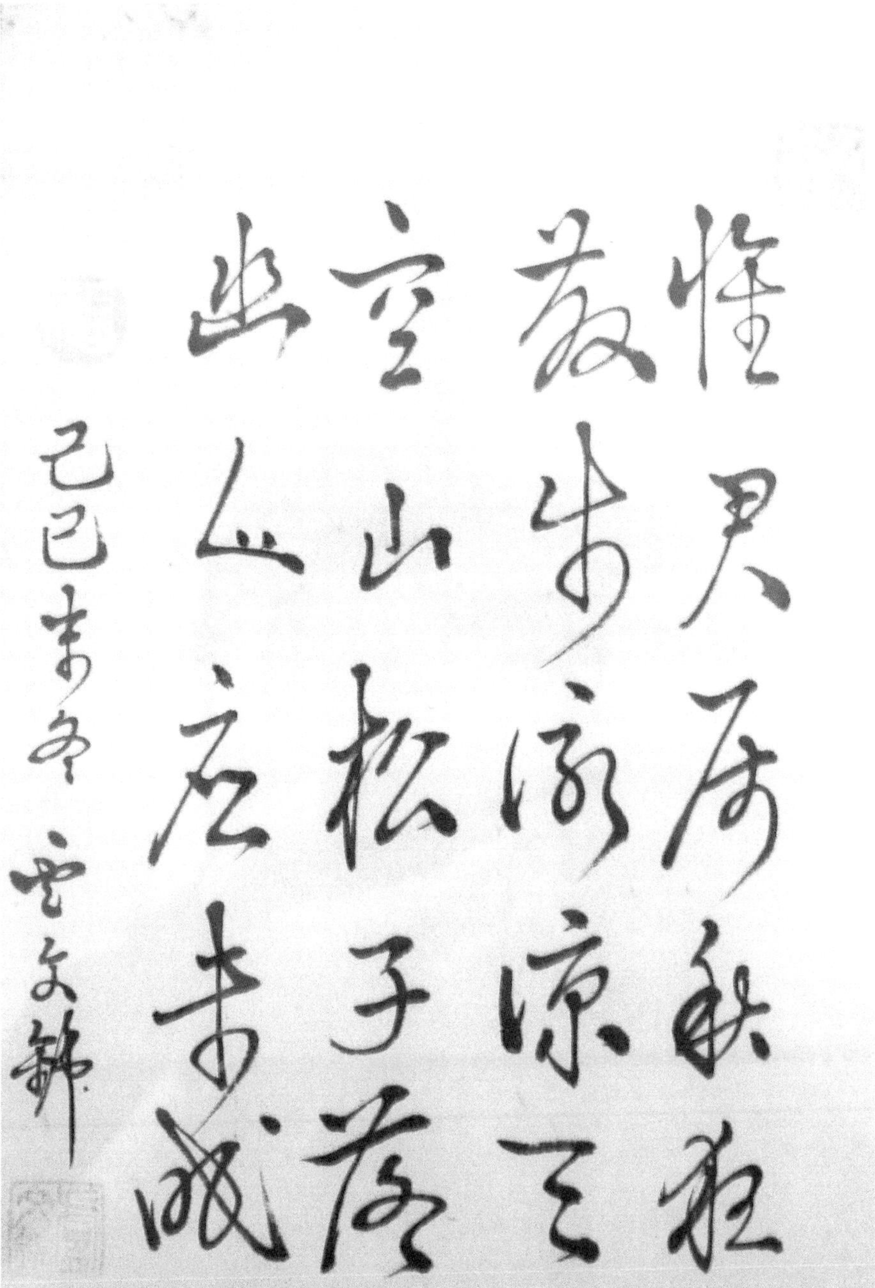
懷君屬秋夜
散步詠涼天
空山松子落
幽人應未眠

朝辭白帝彩雲間
千里江陵一日還
兩岸猿聲啼不住
輕舟已過萬重山

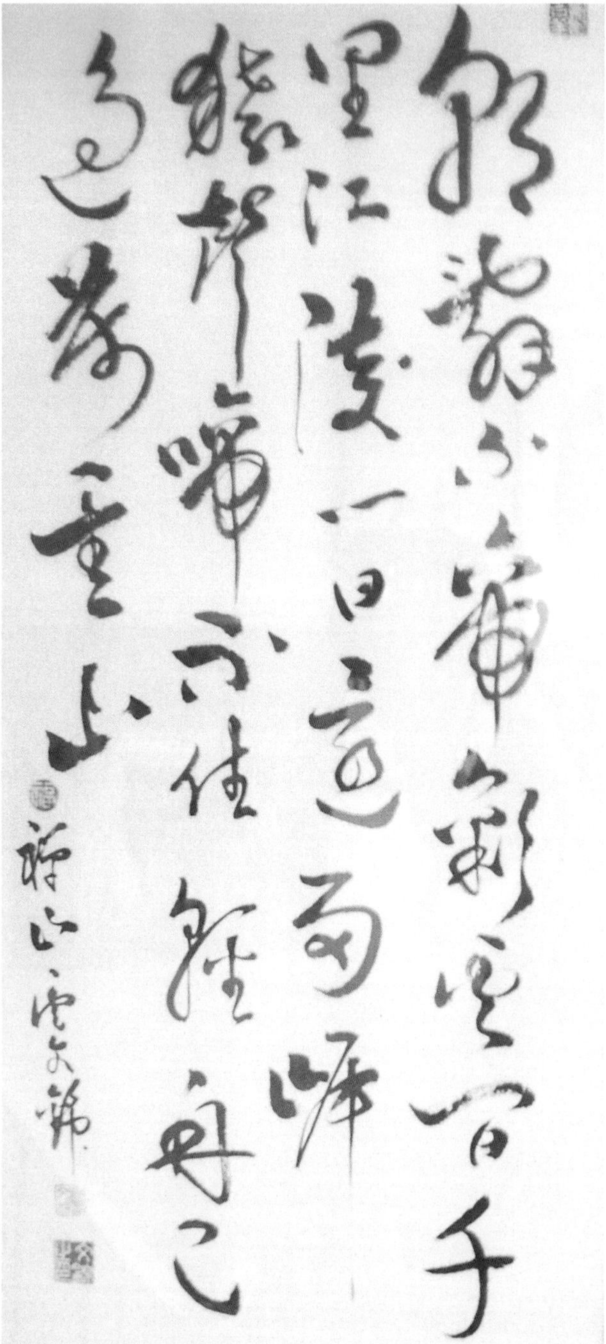

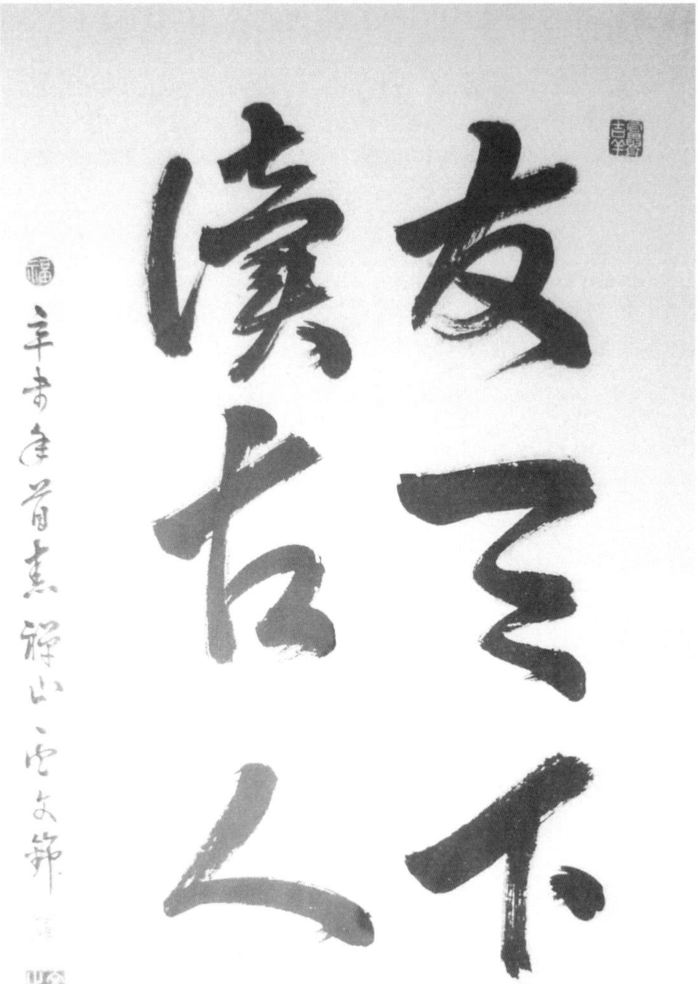
友天下士
讀古人書

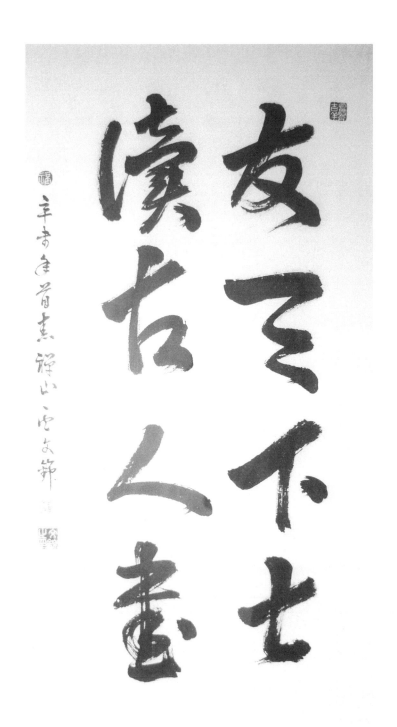

自序

盧文錦

我在一九七五年一月離開了軍旅，即行開館教授詠春拳，一個人默默地耕耘，一年多時間，都埋在內湖地帶的軍眷村的小房子裡，那裏可用作教拳的空間，也僅僅是四坪（約一百四十四平方呎），後來學生人數多了，就利用門口的街道進行練習。許多人都叫我求神問卜，去改個運，請神明指點。

一、不相信命運，永不低頭

中國人都很相信「命運」、「風水」，迷信這個、迷信那個，取個名字都要求神明指引，甚至交由連自己本身的未來是如何都無法預知的命理師、或是眼盲的占卜者來決定之。但在我看來，一切的一切都應靠自己的努力得來，再加上先天與後天的潛能智慧來決定，絕不是「風水」與「命運」。

回想我在少年時，我尚記得讀過一則在《浮生六記》中的一篇短文〈兒時記趣〉，其文內首句就是：「余憶童稚時，能張目對日，明察秋毫。見藐小微物，必細察其紋理，故時有物外之趣。」其中，「張目對日」，對我來說是先天父母所賜以及加上後天的訓練，於是，勇於嘗試的我，也練成為逆光的槍手，這就是我本人不向命運低頭與不執著迷信的個性。這樣，努力加天分也就給我獨特行走江湖打下了根基，經過我多年的努力與默默耕耘，目前弟子已經遍及世界各地，更為中國人出了一口氣，又一次洗卻了「東亞病夫」的臭名。

本人被美國陸軍二八四大隊聘為徒手戰技教官，這實在是千萬人之嚮往也，我本人也是歷史上之第一人，這對我來說絕不是偶然的，實是個人努力而得來的，是把詠春拳與柔道、擒拿結合為一體，講求「活人練活死功夫」的成果。這也許有人會問，一個功夫武者就算能給美國大兵們傳授這一門特殊戰鬥技術，但又如何面對英語講學呢？能嗎？這我真得多謝我的父親——盧劍辰，在我少年時，父親就把我送進英文書院——香港官立灣仔英文書院；同時，更是要感謝我的二舅父—葉問，葉問舅父除了傳授了我詠春拳技之外，平日教學時更強烈要求活人要練活死功夫，後來他更鼓勵我到台灣來發展。父親和舅父的遠見指引了我一條重要的道路，學武之人必須學文，這是我後來能夠將詠春拳傳播國際的重要因素。

二、先祖榮獲帝皇封官

父親生前是香港英皇書院的高材生，我進入港灣書院時，校長是父親英皇書院的同班同學，當時愛好動的我，確實沒有把英文學好。雖然校長是我父親的同班同學，但是對我學業進步幫助卻是有限。父親是喜愛朝著商業發展，一心希望我要做個生意人，他個人則早已是如願地成為了德商些那士（音譯）洋行的買辦（華人總經理），父親娶了佛山大宅葉家長女葉慕潔為妻（即是葉問長姐）。祖父盧勉士，在香港西灣開設了洞天酒樓。在一九二〇年代，父親已經擁有了自用及公司共用的汽車兩輛，躋身當時香港有錢人家。

我於一九三三年在香港出生。在一九二九年末到一九三三年代出生者，所有人都公認是來得最不是時候，因為成長期間，正是日本侵華的惡行時期，全中國陷於大動盪，日本在我國的惡行時間長達十一年之久。

盧家於清同治年間在佛山是大戶人家，號為「盧擇善堂」，每年冬季都施送棉衣。太祖父名皆吉，清同治年間封官，故祖居在佛山鑄針街是官舍，一進大門是門官廳，豎立著「肅靜」、「迴避」御賜的高腳牌，通過廣大的花園，才進入前廳、後廳以及最後是神廳之大宅。至今我仍經常回憶起在年幼時，夏天爬樹摘取龍眼果的樂事。

三、日本侵華家道全毀

一九四〇年，香港政府宣布接近戰事邊沿，疏散市民，家人又從香港再返回佛山，此時數座大宅已經變成一片廢墟，面目全非。記憶在日本侵華兵臨南海之際，父親把太祖父任官時，滿清綠營兵勇留下的一支當時的步槍，父親親手用柴刀破壞，免於被日軍發現後誤認家人為抗日份子。（到目前為止我仍心痛於此事，真的是中國人會在地球上不能挺直腰背嗎？）因為正是如此，把我培養成永不低頭的個性，這有極大的鼓舞激勵。

二度再回到佛山時，祖居已被拆成廢墟，我們舉家住在葉問弟弟葉添的家裡。葉家在清朝時已經是大戶，位於佛山福賢路，號為「桑園」，大宅圍牆內，房屋連綿，葉家十位兒子都有上一代的庇蔭，分配了大房子，此外尚有大祠堂、小祠堂，當年陳華順技成後，租用葉家大祠堂傳授詠春拳，所以二舅葉問得有機會拜入華公門下。母親是葉家長女排行第一，總計葉家有十男九女（六女在抗戰勝利後嫁給李姓新一軍排長，後隨蔣公來台，定居於成功新村）。

回憶我在桑園期間，腦中幾乎充滿著每天都看到二舅穿著長衫的影子，也從母親口中得悉二舅學詠春的故事。葉問舅父經常穿著長衫，偶然也改穿唐裝、唐鞋，一表斯文，從不言武。我呢？也因為入住葉家大宅，得機緣與葉問長子葉準表兄每天遊戲在一起，到今天大家都已經年過八十，見面時仍回味童年往事，津津樂道。

四、抗戰勝利，返回香港學詠春

往後，我家遷到佛山蓮花路沙糖坊，葉家大宅也因為戰亂全毀。葉問舅父也不向外教拳，我只好在十三歲的那年，得有機緣拜入佛山蔡李佛派名師陳津門下，學習蔡李佛拳，前後也僅有三年時光。

一九四八年我再回到出生地香港，也進入了英文書院，與一家人同住於灣仔大道東迪龍里，但仍念念不忘學武的過去。一九五〇年，身著長衫唐鞋的葉問舅父，突然在我家出現，輕談在九龍大南街飯店工會教授詠春拳的事。這對我來說，如獲至寶，當日取得父親允許之後，我每天坐上渡輪過海，在飯店工會學習詠春拳。記憶所及，在天台學拳者，也僅有大師兄梁相、二師兄駱耀，尚有陳球、葉步青、徐尚田，其中有一位招姓小弟弟，年僅十二歲，後來此君在工作上不是教拳，而是在香港匯豐銀行任九龍分行經理。其中招允（招允是金馬影帝狄龍親傳詠春師父）當時在飯店工作擔任廚房工作。

葉問在飯店工會教拳，是得梁相大師兄在飯店工會任理事長之便，相師兄任期滿之後，大家練拳地點就轉遷到海壇街，之後在利達街（是在一九五六年，李小龍在此拜葉問為師）再轉至李鄭屋村。這樣轉眼十年光景。在這中間，葉問舅父曾在工會教拳之空餘，到九龍三太子廟推廣詠春，記得當時我們師兄弟都樂得追隨共往。二〇〇二年，在我一次前往荷蘭的行程中，幸運地遇上了一位曾在三太子廟學技的黃喬。

在這段學拳期間，一九五六年，我曾經有機緣進入戒嚴的台灣島，後又再回到利達街拳館，此時大師兄、二師兄已自立門戶，從我回到利達街練拳的第一天，葉問舅父就面對我說：「你為什麼這樣笨，到了台灣又再回到香港！」但我確實不明白原因，也不做追問。一九六〇年，台灣政府要吸收大量知識青年，我再拜別葉問舅父，坐著四川輪來到台灣，得長久停留下來，更得機緣進入了特種訓練的軍事學府，這時我才領悟到在香港利達街武館內舅父對我來台灣的期望。

五、葉問鼓勵我來台的心意

在軍事學府，除了學得軍事獨特的各項專業之外，還包括了柔道、擒拿、行動必殺、軍事指揮統御……等等。當時我也曾提出把我學得的詠春拳，無條件的傳授給在校學員，但短視失敗的當權者仍是一本「官大學問大」的過去失敗作風，這也使我想起了古文書中的《秦士錄》：「鄧弼，字伯翊，秦人也。身長七尺，雙目有紫稜，開闔閃閃如電。能以力雄人：鄰牛方鬥，不可擘，拳其脊，折仆地；市門石鼓，十人舁，弗能舉，兩手持之行。」這正是武士難得的人才，但卻不被當權者所重用與接納，不使其立勳萬里外。「官大學問大」的心態，也是我們至今追不上新加坡、韓國等等亞洲富國的病根。

一九七四年，葉準表兄來台，推我在台發展詠春，回港後他在「當代武壇」雜誌上發表葉問外甥在台灣傳授詠春拳的文章，此事卻被當權者認為我乃是少校軍階，不應公開宣布傳授詠春拳，經幾番認錯才免於記過。一九七五年初，我決定退下少校軍職，公開宣布設館授徒，默默耕耘，秉承了葉問宗師生前不斷鼓勵弟子的一段話：「今天有機會你們不把功夫學好，他日中國人要跪在地上求外國人教你們詠春。」確實是，外國人身材好，重理論、重研究，專心投入。開館的初年，就有法屬留尼旺人士專程來台與馬達加斯加青年弟子一同跪拜行禮，投入學習詠春拳技，我也頓時成為武術界首位外國人專程來台叩頭拜師的武師。

六、姜太公遇文王，時來風送滕王閣

一九九一年，我年近六十，我的教拳生涯有了轉捩點，真是有如封神榜裡的「姜太公遇文王」，在一次石牌保一警察總隊的演講，驚動了大公無私、為國舉才且官拜三線三星的總隊長——呂育生博士，在一次面談中，他認定我對警察的教育觀點與訓練動作可行，當即邀請我擔任該總隊所屬的技術訓練隊教職，真是時來風送滕王閣。

在接任技訓隊教職以後，高雄市卻出現了攻堅的錯誤佈陣，現場近九人送醫，因為此案，被譽為現代文王的呂育生總隊長，再徵求計畫建立一支ＳＷＡＴ特警隊，我一口答應，也提出訓練計畫，即獲得了當時的莊亨岱署長答應，與此同時，法國某電視台來台灣要求拍攝我本人的訓練及成果，一切ＯＫ後，在世界國家地理頻道，幾乎每週都播出兩次，也因此獲得了汶萊共和國的二王（即國皇弟弟），透過北京大使館電話邀請我授拳，我也榮幸得到外國元首邀聘為國皇武師，詠春拳多次受到國際的肯定，這應是詠春拳史上的光榮，也是葉問宗師的光榮，更是屬於中國人的榮耀。這些更要感謝呂育生博士的大公無私，和他用人唯才的前瞻思想。

七、警察授課，驚動歐美

一九九三年六月，呂總隊長榮升為警察專科學校校長，我又再做一次驚人之舉，就是以真刀、實械為學警們上實戰博擊課，更訓練師資，也為警察專科學校編寫教材「警察應用搏擊術」，此教材出版之後，透過兩三名外僑弟子之協助翻譯成英文，定為「POLICE KUNG FU」，在美國出版並且全世界發行，再由美國出版社轉譯成俄文出書。

由於呂育生校長有長遠的眼光以及用人唯才的魄力，也把我推介到調查局，我也得為他們撰寫訓練教材，以及訓練每期調查班的學員，連續十年之久，但自從葉局長上任之後的第二年，因為過去受到先總統蔣公信任的我，因此不再獲接任何的教務（政治抹殺）。自呂育生博士任警專校期間起，推動真刀實械上課操練，也獲得國安單位看重，當時的國安局長殷局長更指定本人搭乘飛機到花蓮為情幹班上課，可惜此種情形也是曇花一現，殷局長仙逝後課也免了。

雖然，這些成就都是起起落落，但在警察專科學校，我設計的這些課程仍極受到重視，此間，先後到警專參觀真刀實械操練的有：德國慕尼黑刑事警察首長，美國東岸VERGINIA BEACH警察首長。由於訓練的成功，使得來參觀的外國警察地區首席留下深深的印象。更成功的就是，台灣的警察在我的推薦之下，能赴美進行警察勤務交流學習，也多次獲得美國接受我警察人員赴美接受特殊訓練。這些成果也顯示了台美雙邊的交流與互動關係的信任程度。

八、文武合一，創新教學

在我近四十年來的努力所得，除了把詠春拳技匯合了柔道、擒拿，並發展成奪刀、奪槍的警察特殊技能，因而獲得了有關警察訓練單位的重視之外，本人更應歐美先進國家的邀請，每年遠赴歐洲、美洲做動作示範，以及訓練種子。在詠春拳推廣與傳授方面，發揮到文武合一，用物理學、數學、人體生理學去進行動作上的解說與分析。結合物理學、數學、幾何學，去證實動作的穩定性與可行性，使每個特殊動作都有科學理論依據，深獲歐美先進國家愛好詠春拳學習者所接受，從而使詠春功夫獲得了發揚光大，詠春的武學光芒更照亮了整個歐洲大地。

更在詠春拳「黐手」訓練的各項變化動作，如何「朝形」、「追形」、「以形補手」……等等重要概念，輔以兵學、戰爭學來解釋詠春拳的動作運用，並且深入到我國古代的兵學大師典籍——《孫子兵法》來分析解說拳理，再以點、線、面等原理引證，同時也把我國數千年的哲學、倫理與思想和現代科學緊密相互結合起來。例如把我國大學一書中提及的「定」、「靜」、「安」、「慮」、「得」等思想概念引入拳理當中，還有把數千年來土木技術提出的「準繩分曲直」、「規矩定方圓」等等概念引入教學當中，使學者明白體認拳術的拳理與我國傳統思想文化是可以相互運用且一脈相承的，了解詠春拳確實是言之有物。這樣一來，確定了武以文證，能把思想開放，而不是如何去打人，是一連串的武學理論與實踐，才能使詠春拳在台灣發揚光大，我想這就是葉問舅父生前鼓勵與推動我來台的遠見思想。

九、不讓葉問詠春親屬斷層

任何事物，都是辛苦得來的，人們常說：「興趣相投」，但我卻覺得是：「了解投入」，不是一時的高興，也記得兒時書卷中的一些話：如特別點出農夫下田的苦事，以「粒粒皆辛苦」勾劃出。上上一代的長者也常用「投入」來鼓勵年輕一代「未出辛苦力，哪有世間財」。確實，我在軍事學府三年的特種訓練，真是吃足苦頭。不像現今台灣的時代，多工作數小時就有記者幫你說話，什麼爆肝、什麼不人道、什麼……等等，年輕人被那些自鳴得意的新派學術者寵壞了，再加上中國人本來學習就存在五分鐘熱度。葉問宗師第三代嫡孫也放棄了繼承，我可能受到古訓的影響「父業子當承」，這何況當是中國抬頭的好事。

我兒盧國靜（GORDEN）十六歲開始投入練拳，當年二十三歲的他，我倆已經發揮起「上陣不離父子兵」，不論是在歐洲的德國、法國、瑞士，或是南半球印度洋上的島國，都有盧文錦父子的教拳足跡，一可免卻葉問詠春拳的斷層，二則更能使中國人抬頭挺胸，不再是東亞病夫。今日的GORDEN，已經學有所成且自立門戶，在美國的東岸創出一片天地。而我努力在歐洲開創的成果，今日葉問外甥盧文錦詠春拳，在法、德、瑞等國的第三代弟子，早已接棒發揚。

十、台灣成為詠春拳的大熔爐

自一九七五年初，我專注投入推廣詠春拳，把在軍事學府學到的萬人敵思想，以及各種擒拿特殊戰鬥技能，只要不是違反生理且是順勢而行的，都連接起來，成為我教學體系的獨特格局和特點，就如宗師生前一再強調的訓誡：「活人練活死功夫」，而且每一招式動作，都以物理學、數學來解說，使學習者能全心投入，不再疑惑。

文武合一的教學方式，確實使全心投入到盧文錦詠春功夫行列的學習者，一一打開其心中對詠春拳的全部問號，這樣的教學方式，卻也成為了無形的活廣告，在本島學習者的行列裡面，就有父子檔、父女檔、夫妻檔、兄弟姊妹檔，整個練拳的頂樓廣場儼然成為了詠春武術的大熔爐。至今為止，外國專門來台求學詠春拳的國際人士，據不完全統計，應來自於超過四十多個不同的地區國家，更有世界大國的駐外副總領士，也專程來台學習詠春。更值得一提的就是，有德國三四人小團體，專門來台跪拜行古禮拜師投入盧文錦詠春門下。德國之後，又有法國、美國、澳洲等歐美人士前來專程拜師學習，此種效應仍在持續發酵當中。此外，全島的弟子也陸續在中南部開館傳技發揚。

一路走來，所幸我沒有辜負葉問舅父對我的期望，如今，盧文錦詠春功夫的推廣傳播，已不單是華夏振雄風，應是：詠自葉問滿桃李，春風化雨世代傳。

如今詠春拳在台灣發展也是枝繁葉茂，有如春臨大地拳花開，這應是中國人的光榮，更是葉問宗師的光榮。如今坐擁詠春拳紀念館的佛山市，也已經成為學習者朝拜和追思過去一代宗師傳承手采的觀光勝地。

盧文錦

寫於台北盧文錦詠春拳總會

盧文錦

詠春拳

目次

詠春拳

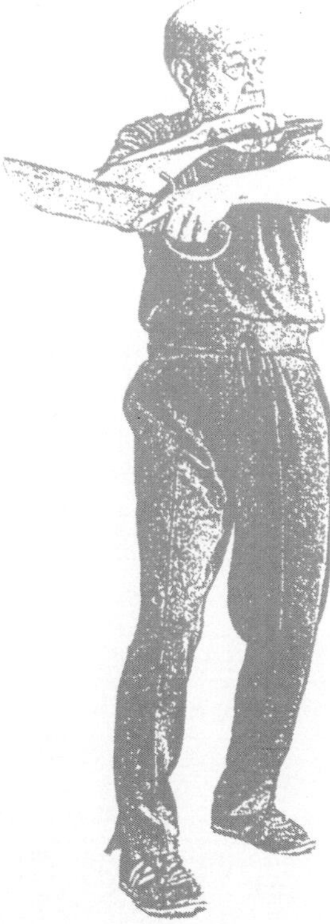

上篇

詠春拳的歷史源流與發展脈絡
詠春拳的基本思想與運用概念
詠春拳的實戰概念與方法
詠春拳的基本拳法與實戰
詠春拳的基本功夫與身形掌法

Chapter 1 詠春拳的歷史源流與發展脈絡

談起中國功夫的發展，小算也有數百年，上推至今也有千年的歷史。我們或可從三國人物中的關雲長、趙子龍、馬超、呂布……乃至唐朝的薛仁貴、薛丁山、薛剛…到宋朝的岳飛，再到滿清入關之後的甘鳳池、呂四娘、方世玉、洪熙官、洪文定以及晚清的黃飛鴻、梁贊……等人，找到發展的脈絡和傳播的特點。相關歷史人物也是數之不盡，但是也顯示出真實歷史人物與章回小說演繹的虛構人物相互夾雜對後世產生的影響，反映了中國民間社會對於歷史的認知和理解的特點。

有些人或許對功夫仍存在一些刻板的印象。的確，在功夫發展的歷史過程中，也有受到一些民間章回小說的誤導，我們也聽說：「真三國、假西遊、大話封神榜。」但近代人對功夫也有許多誤解，很多人一談到功夫，就認為離不開尼姑、和尚、道士，以及「少林寺」或是中國的名山——武當、崑崙……

等，在動作演示或是發揮上，也離不開動物的形態，如毒蛇吐訊、猛虎伸腰、猛虎下山、白鶴亮翅、猴子偷桃、烏龍擺尾、雙龍出海，或更是童子拜觀音、韓湘子吹簫、羅漢卸袈裟、美人照鏡、姑娘步……說之不盡。然而，詠春不要那麼多的抽象名詞，講求的是實際運用和發揮所學，強調的觀念是能發揮所學出來並且解決敵人給你的危機的就是好功夫。

中國功夫過去大多受到章回小說的誤導，結果產生了似是而非、無中生有的傳聞。談到詠春拳一脈，也不例外。如果我們要找出歷史的根，只能從「人」、「事」、「時」、「地」、「物」去追尋。試問各位你們家族裡，有誰能夠確實提出四代、五代以前的事實呢？故不能依個人的想像或觀點來製造歷史，例如豆腐西施或嚴詠春、或方詠（永）春與詠春拳發展關係之一說，若無法找出歷史事蹟作為引證，那只是章回小說的誤導。詠春拳脈也是如此，需要掌握「人」、「事」、「時」、「地」、「物」去引證。如此，才能了解詠春拳脈的發展為何能夠在短短的歷史當中取得重要的影響與成果；同時，也才能夠體會詠春拳的武術精神與國家民族的生存發展是休戚與共的關係，體會到習武的精神就是弘揚民族文化的精神，詠春拳的發展史實際上使得詠春拳具有了激勵人心的正面作用。

一、詠春拳的歷史源流與形成發展

詠春拳的歷史發展較淺，有據可查的是起源於廣東戲班（俗稱紅船，也稱廣東大戲）。廣東大戲，源流上溯早自明朝嘉靖到萬曆年間，早期的粵劇戲班藝人，為了方便相互聯絡和安排班主訂立合約，便在廣東省南海縣佛山鎮，成立了一個行會組織，名為「瓊花會館」。瓊花會館附近設有瓊花水部，是戲班的紅船用來停泊的碼頭。所謂的「紅船」，是木造的船，船身大部份漆上紅色，方便認識，主要是通過水路用來運載戲班成員及戲箱，故人們也把廣東大戲的組合俗稱為「紅船」。詠春拳一脈源自於「紅船」，可從滿清入關談起。

1. 詠春拳的源流與定義

滿清入關之後，傳說有「揚州十日」一段傳聞，即清兵大開殺戒，造成漢人十分不滿，組織反清復明行動，但都失敗。滿清皇朝也不重用漢人，漢人有投效滿清皇朝者都被稱之為「漢奸」。各地武功高強者，也感孤掌難鳴，更有被滿清皇朝收買者，或遭殺戮，但仍有不少武林高手四處暗伏，有來自於北方的武者，潛伏在廣東戲班，傳技於戲班同仁，以保存反清實力，故在過去反清行動中，就出現過班中大花面（人稱花面錦）參加攻打廣州城的行列。

至於北方武者為何選擇潛伏在「紅船」？其原因主要有二：其一，班中演武戲時，都是真刀實械，故武功底子要得；其二，滿州人對漢文也不全懂，對於戲班中全是廣東白話的應對，更是丈八金剛摸不著頭腦，所以能夠技傳於「紅船」，命名為「詠春」，「詠」是歌詠，出自曲藝，春是生生不息，冬去春又來，極具革命意涵。清代咸豐年間，清兵認為戲班中的組織「瓊花會館」，可疑其為反清組織，故引兵火燒「瓊花會館」。直到光緒十五年（一八八九年），粵劇同寅，再在廣州建立「八和會館」。

葉問詠春拳發源於廣東戲班（俗稱紅船），發展到現在，馬來西亞、香港、廣州等地區有戲班詠春一脈，在歷史人物中有詠春拳師黎葉篪其先學技予戲班花面錦，後再拜入陳華順門下，成為葉問師兄。

至於花面錦其人，在太平天國歷史中，可有記載，其參加攻打廣州城時，以一支單頭長棍力抗清兵，有如三國中的張飛長板橋之役。至於何人傳技廣東戲班，據傳一武林高手，因反清被追殺，從北方途入廣東戲班①，對於廣東話（白話）三大族。關外的滿族來說，到了廣東真是一籌莫展，所以戲班（紅船）就成了來者的保護區。

至於詠春拳的定名，以我的推論：「詠」②是歌詠、吟詠，長聲也，對以歌唱舞台者來說此確實貼切，「春」為四季之首，冬去春又來，所以技取名「詠春」確實有其意義。（應不是憑空出現一個豆腐西施吧！）

2. 詠春拳的人物與形成

詠春拳祖師——梁贊，人稱之為「佛山贊先生」，梁贊本人對武術涉獵甚廣，先後學技於紅船中的黃華寶及梁二娣，後傳技給陳華順，再傳技予葉問。在歷史巧證中，梁贊是廣東南海古嶗人士，生於一八三〇年代，長居佛山，早期在佛山筷子路開設有贊生堂中藥舖，並兼理醫事。梁贊自在戲班中學得詠春拳技後，專心鑽研，也經過一一整理，整理成三套拳法與八斬刀和六點半棍，成為今日的詠春拳。

其中的六點半棍，是從外派功夫納入，從長橋大馬與廣大招式中，歸納為七式，增強了腰馬力。技

① 廣東在方言上行使面極廣，成為中國北平語、客家語、廣東話（白話）三大族。

② 根據教育部異體字典中對「詠」解釋是「歌唱，以充滿抑揚頓挫的語調吟唱」。如：「吟詠」。論語．先進：「風乎舞雩，詠而歸。」〔南朝宋〕劉義慶《世說新語．文學》：「聞江渚閒估客船上有詠詩聲，甚有情致。」

成後除了其子梁壁盡得其衣鉢外，尚有其傳人陳華順（人稱「找錢華」③，南海陳村人，初期以錢銀找換為業，後拜入梁贊門下，技成後，租佛山桑園福賢路葉氏宗祠教拳，收葉問為其封門弟子。其中有一段鮮為人知的插曲，其門下弟子黎葉篪，先學技於戲班的花面錦，後正式拜入陳華順門下，成為葉問的師兄。）

陳華順授拳，收費高昂，能學得詠春拳者，是非富則貴，故當時有人稱之為「少爺拳」，事實上教詠春拳要經過個別「黐手」，所以極難廣收門徒，華公一生授徒，記憶所得的有其大弟子吳仲素④。其他富家子弟如：雷汝濟從小就享父福，吳小魯、姚才、黎葉篪等等也極少收門徒。陳華順之子陳汝棉早年也曾在香港開設武館，但專業於跌打骨傷，也不廣收門徒，但為期甚短，不足一年即行返回陳村。

葉問是得自陳華順租葉氏宗祠之便，七歲拜入陳華順門下，因兩人年齡相差近六十歲，所以葉問對其恩師以「公」字相稱。陳華順自葉問入門後，也自覺人事已老，即行對外宣佈不再收門徒，故葉問成為華公封門弟子。葉問追隨華公學拳數年，華公仙逝，後由大師兄吳仲素繼續教導。

葉問十六歲赴香港進入教會學校「聖士提反」讀英文，因此有機緣得隨其師公次子梁壁學習更豐富的應用技術，如：「功夫是死的、人是活的，所以活人應練活死功夫。」除此之外，葉問常說：隨梁壁

③ 陳華順，人稱「找錢華」，是南海陳村人士，在佛山開設錢銀找換舖與贊生堂近鄰，故有緣師自梁贊學習詠春拳，技成後的陳華順，租用佛山桑園葉氏宗祠教授詠春拳技，桑園位於佛山福賢路，圍牆內房屋連綿十餘棟，側鄰為廣東茶樓——桃源居及公興隆餅食店，有到佛山者，除了盲公餅之外，就是公興隆芝麻餅與穿心酥。現佛山鎮已改為佛山市，而公興隆仍是百年老店。

④ 吳仲素技成後曾赴香港北角開設武館，因來學技者極之少數，武館開設不及一年就返回佛山。

師伯學得豐富的活用技術及思想開放之外，更重要的是學了在社會上做人處事的一番大道理，所以葉問生前也譽梁壁為「先生壁」⑤。

葉問自學得一身詠春拳技，但也從不設館授徒，他本人卻興趣於警察業務，任職於南海縣查緝隊（刑事警隊），曾破獲佛山蓮花路沙糖坊劫案，並在昇平戲院內親擒劫匪。一九四九年十月，廣州易手前，仍任職為廣州南區巡邏隊隊長一職，同年底離開廣州到達香港，由同鄉好友李天培（李民）推介，於一九五〇年認識了擔任飯店工會理事長的——梁相⑥，得會葉問後，即請葉問到飯店工會授拳，但因會章規定不能廣收門徒，早期在飯店工會能有機緣追隨葉問學技者，也僅梁相、駱耀、盧文錦、葉步青、徐尚田、陳球等，約七、八名學者（其中另有一位是當年年僅十二歲的小孩，該員後來是香港匯豐銀行九龍分行經理）。

自梁相的理事長任期屆滿後，葉問就在九龍海壇街租屋自行開設武館，詠春拳才開始在港興起，早期的師兄弟也利用工餘時間，隨師在九龍三太子廟，或荷李活道私人天台教拳。以後分別移址到利達街、李鄭屋村、興業大樓。李小龍是於一九五六年在利達街武館拜入葉問門下，同在武館中葉問弟子有現居美國維吉尼亞州，並開設武館的梁紹鴻（人數眾多不能一一敘述）。葉問在香港授拳近二十二年，於一九七二年仙逝，享壽七十九年。但葉問晚年約在一九七〇年已不再廣收門徒。

從以上種種事證，再結合了「人」、「事」、「時」、「地」、「物」，而非突然冒出個豆腐西施，學技近月，卻能完成詠春拳的三套拳法、一套樁法，再加上黐手動作，與八斬刀法，以及六點半

---

⑤ 先生者，廣東話為老師。

⑥ 梁相本人熱愛功夫，曾以多年時光拜學「龍形魔橋」。

棍，更一夕之間成為武林高手，打敗向她迫婚的土豪惡霸，後嫁夫福建梁姓鹽商，自後就沒有傳聞其後代子、姪、或兄弟、姐妹、以及摯親、外親，承傳衣缽，或是某人正式拜師學技，從此兩人絕後與絕跡。故此乃章回小說，不能引成歷史依據。

再者，早在十年前，佛山有位詠春拳派年長者彭南，人稱「黑面南」，是陳華順兒子陳汝棉的徒孫，學技於陳汝棉弟子招就，據他敘述：詠春拳是在滿清皇朝期間，有位北方武者被清廷追殺，途入廣東戲班，此人無人得知其名，打鬥時善用一攤手，卻變化莫測，故人稱之為「攤手五」，由他傳技於廣東戲班中人，是故詠春拳動作，與各大門派之所有大大不同，沒有動物代名詞，一切動作配合廣州話發音，其中更以佛山話見著。依據彭南師傅的說法，確實與前述，詠春拳沿自於廣東「紅船」，加上滿清咸豐皇帝派清兵火燒「瓊花會館」，極為吻合。也能在「人」、「事」、「時」、「地」、「物」等條件中尋得依據。如果真是爆出一個豆腐西施嫁夫於梁姓鹽商，技傳「紅船」，也不會有被清兵火燒紅船的「瓊花會館」事件。

二、葉問詠春拳的發展脈絡與推廣

日本侵華後，武術堂口都被視為聚眾反日的場所，後一代的詠春拳習者如吳仲素、陳汝棉也曾在香港設館，陳汝棉以行醫跌打骨傷為主，吳仲素曾設館於港島筲箕灣，但卻未能廣收門徒，武館也不到一年就結束。

1. 葉問詠春拳脈的緣起

葉問學習詠春與教授詠春的歷史如前文所述。葉問於一九五〇年中國大陸易手後，由好友李民（李天培）介紹認識當時九龍飯店工會理事長梁相，得在飯店工會教拳，梁相也成為葉問香港的首徒，往後駱耀、盧文錦（葉問外甥）、葉步青、徐尚田……女弟子（盧娣）等，僅寥寥數人。雖然人數不多，但葉師教授弟子卻是津津不息，鼓勵子弟努力，更一再提示：「活人練活死功夫」，今天不把功夫學好，將來中國人定跪地要求外國人教你功夫，其理由是：「歐美人體形好，科學頭腦先進，有朝一日，他們練成詠春拳，一定不輸我們，所以你們要努力，他日有機會向外發揚光大。」雖然幾句勉勵語，葉師自己也想不到今日的詠春拳，會成為世界人士愛武者的追求。

有人說詠春拳之能有今天的發揚光大，李小龍應是首功，他確實把詠春在電影中帶到世界，但他卻不教詠春拳。事實上，詠春拳本身有一套使學習者容易進入領悟的科學過程，詠春拳動作與中國的文化語言匯合成一體，再加上詠春拳本身就是以物理學、數學、人體生理學等所結合的動作，詠春強調「來留去送」的順勢行為，在運用上，更結合了兵學與戰爭學等，強調「位置、距離、時間」而形成力量，確實令一向每事都追求科學理論的歐美人士，易於接受。

確實是，武術必須回到生活裡面，武術結合科學與文化為一體，是最容易給予學習者「易學易精」的感受。由於葉師執教的詠春拳只有二十二年的光景，能席捲世界，李小龍的電影是功臣，也僅如同是飯前的開胃菜，因為他沒有太多直接推行詠春拳，事實上，詠春拳能夠令人接受的原因還是「易學易精」的原理，它沒有任何讓不同文化的歐美功夫愛好者，有無數搞不懂的抽象代名詞，如猛虎下山、美人照鏡、姑娘步、烏龍擺尾、猴子偷桃、白鶴亮翅、毒蛇出洞……等等。再加上不同門派有不同的解說，確實使學習者無法理解，並且從科學分析，也無法統一，「虎」就有東北虎、印度虎，猴子偷桃，更不可能是單一作業，再說，我們人類有誰看過龍呢？……以上種種，確實無法令一向事事講求科學真理的先進國家的人們接受。

因此，經由「人」、「事」、「時」、「地」、「物」的引證，有了根據之後，我們得以認識詠春拳源於廣東「紅船」的歷史背景，並且體悟到粵劇班中的舞台表演者歌詠四季之首時的歡欣鼓舞與振奮心情，因為春天象徵著萬物復甦與欣欣向榮的生命意涵，使人們敬畏自然的力量並且讚嘆萬物生生不息的精神。詠春學技者秉著窮究宇宙萬物並且追求君子至德的精神來發揚並且傳授這門武學。大自然給人們的衝擊以及外在環境的突然變化，使詠春拳技者將順應自然並且瞬間接觸反應的思想融入到拳術的應用當中，也就是一切動作的發揮一方面不違反自然，另一方面也必須做出應對進退。同時，詠春武者在歷史的機緣中，與國家存亡產生了休戚與共的革命情感，是故，詠春拳被賦予了民族復興的使命感以及創造歷史的責任感，使得詠春拳術能夠在中華武學淵遠流長的歷史長河當中發光發熱，並且枝繁葉茂。

【葉問詠春香港源流關係表】

- 廣東戲班 黃寶華、梁二娣
  - 梁贊（人稱贊先生）— 梁壁（子）
    - 陳華順（找錢華）— 陳汝棉（子）
      - 葉問（本名葉繼問）
        - 葉準（長子）
        - 葉正（二子）
        - 葉華（三子）
        - 盧文錦（外甥）
          - 盧國靜（葉問外甥孫） GORDEN LU
        - 海壇街
        - 利達街
        - 李鄭屋村
        - 興業大廈
        - 大南街工會早期弟子
          - 梁相
          - 駱耀
          - 盧文錦
          - 徐尚田
          - 葉步青
          - 陳球
          - 盧娣
          - 招允

註：

一、早年在飯店工會時期，陳球僅學會小念頭就停止了。

二、黃淳樑、羅炳、羅錦鴻（葉問長姐誼子），其中尚有一批九龍巴士駕駛（海壇街）。

三、李小龍、李偉志、梁紹鴻、梅逸（利達街）。

四、陳英偉，盧文錦於灣仔書院的同學（李鄭屋村）。

五、劉功成（現葉問國術總會主席）先學技於梅逸，梅氏移民美國後，再拜投學於葉問。

六、宗師生前子弟眾多，無法一一列出，請各位見諒。

附：

一、葉問宗師除上開地點固定授課之外，曾在九龍三太子廟利用空間教拳，多是早期弟子協助，但為期甚短。

二、除三太子廟之外，尚有荷李活道盧娣女弟子天台，參與者有羅錦鴻。

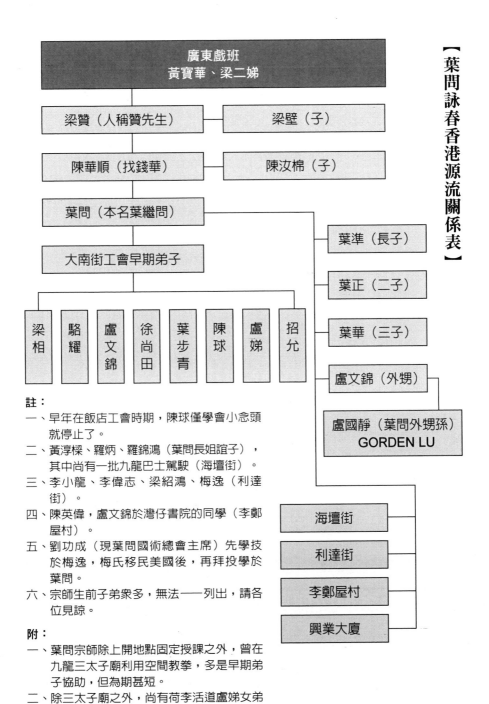

2. 盧文錦詠春拳的推廣

葉問宗師傳授的詠春拳拳技，其發展有內部和外部的各種因素。葉問宗師的為人處事之道，將中華文化的人文思想精神融入在武學的肢體運用當中，更將其完整的呈現在生活的進退應對當中。葉問宗師本人就是文化與藝術的化身，是中華文化的實踐者和弘揚者。自李小龍成名後，使得詠春拳在國際上廣為人知，世界各地愛武人士紛紛投入學習。台灣的詠春拳起步比較晚，但卻成為歐、美、亞各大洲愛好詠春拳者不惜重金、遠赴台灣拜訪名師追求的瑰寶。

本人是葉問的親外甥，從師於葉問，一九五〇年與梁相、駱耀等，同在九龍飯店工會學技。一九七五年，在台灣以少校軍階退役後，便在台北市設館授徒，成立了「盧文錦詠春拳總會」，近十年來，歐美各地學習者也踴躍投入盧文錦詠春拳會館的行列，分別開設盧文錦詠春拳武館以及分會，如德國分會、美國分會等等。一九八〇年代，本人已獲多明尼加駐台灣大使邀聘在大使館內教授多國總統史曼（音）之姪子，也成為中國首位正式獲邀進入外國使館授拳權貴的武師。

我任保一總隊技訓隊教官時的第一支警察弟子。

作者（中）擔任調查局教官時，左為助教王清卿，右為助教高榮伸。

一九九一年，本人更得到台灣保一總隊總隊長呂育生博士的推薦，聘為技術訓練隊教官並擔任台灣首支特殊警隊「維安特勤隊」（SWAT）創隊教官，在公職期間，擔任了台灣警隊、調查局、安全局、警察專科學校、法警等情治單位的教官。

二〇〇一年，本人獲汶萊共和國皇爺邀赴汶萊專業教授搏擊術及詠春拳，因而有機緣與汶萊國王、皇爺共研與指導中國功夫，成為中國人有史以來首位殿前功夫教練，此項邀聘更是年復一年。

近十多年來，本人也每年遠赴歐、美洲作巡迴詠春拳教學。二〇〇四年在歐洲大陸包括瑞士、匈牙利等國家講授詠春拳的同時，也接獲美軍駐德國二八四大隊之邀聘轉赴德國「根森」基地教授徒手肉搏

中間白衣者為時任警察專科學校校長王安邦，與警察搏擊隊員合影留念。

本人與汶萊國皇帝二次會面時，贈送國皇親筆書法「天下仁君」。

作者在德國美軍基地教授徒手戰鬥技能。

戰技。法國北部朗展（音）市及法屬留尼旺相繼以專函公文邀請赴法及留尼旺教授詠春拳，而且更選派特警人員赴台灣學習徒手戰技，而朗展（音）市更用巨大雲石雕刻出盧文錦肖象高懸在國家所屬的訓練中心，作為最高榮譽。與此同時，本人也成為中國人首位美軍戰技教官。

目前來自世界不同國家地區的詠春愛好者，到台灣投入了學習詠春拳的行列中，習拳者多達五十餘國家、地區，包括俄羅斯、烏克蘭、瑞士、匈牙利、挪威、瑞典、丹麥、德國、以色列、沙烏地阿拉伯、磨洛哥、巴西、阿根廷、印度、日本、韓國、緬甸……等等國家，詠春拳學習者的足跡遍及歐亞大陸以及美、澳、紐各大洲等。教授詠春拳多年，本人也為中國功夫與中華文化的全球傳播與傳承發展盡了一份個人的心力。

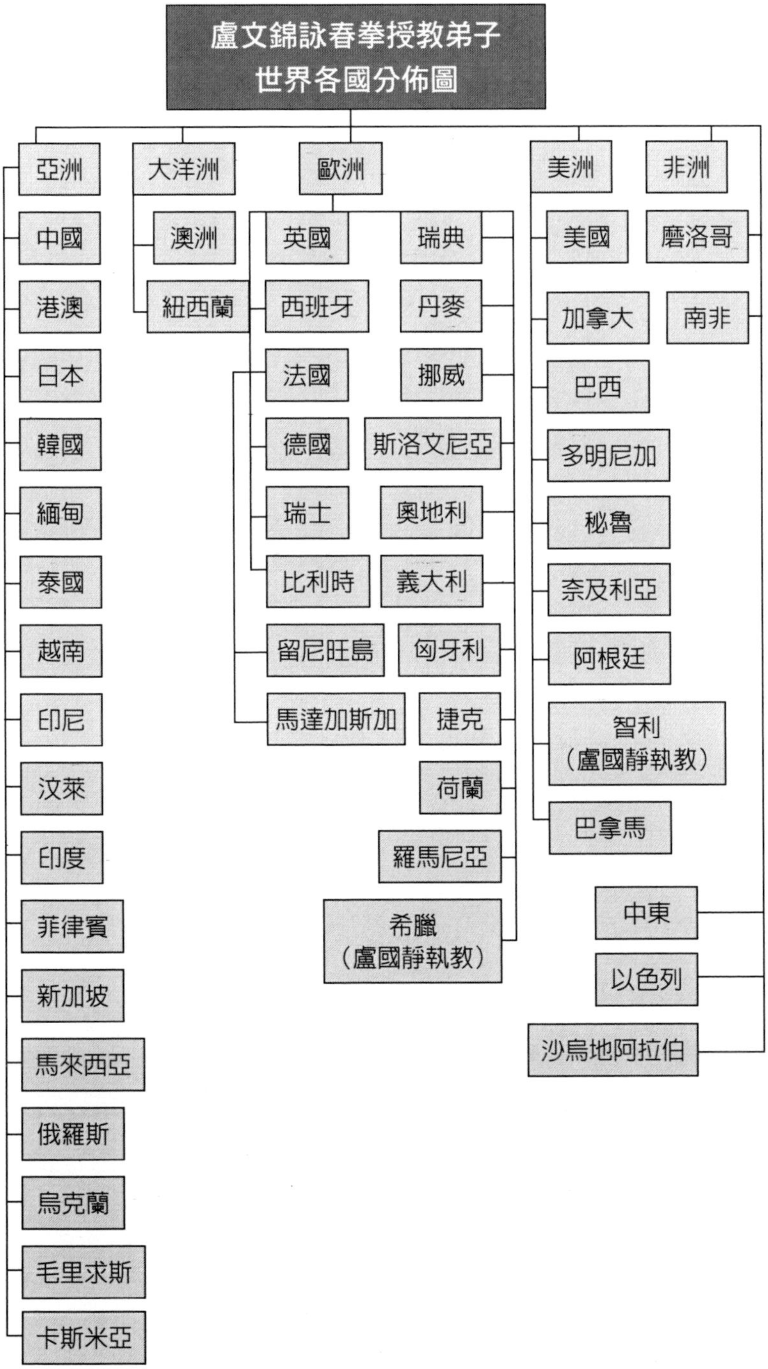
盧文錦詠春拳授教弟子
世界各國分佈圖
亞洲
中國
港澳
日本
韓國
緬甸
泰國
越南
印尼
汶萊
印度
菲律賓
新加坡
馬來西亞
俄羅斯
烏克蘭
毛里求斯
卡斯米亞
大洋洲
澳洲
紐西蘭
歐洲
英國
西班牙
法國
德國
瑞士
比利時
留尼旺島
馬達加斯加
瑞典
丹麥
挪威
斯洛文尼亞
奧地利
義大利
匈牙利
捷克
荷蘭
羅馬尼亞
希臘
（盧國靜執教）
美洲
美國
加拿大
巴西
多明尼加
秘魯
奈及利亞
阿根廷
智利
（盧國靜執教）
巴拿馬
非洲
磨洛哥
南非
中東
以色列
沙烏地阿拉伯

三、詠春拳的文化意涵與功夫特點

詠春拳本身，不強調架式，也不強調力與美，要求的是「腰馬一致」，「心意合一」，「心靜神定」，不能存有任何雜念，也不必運氣吐氣，拳由心生，正如「大學」一文中所述：「定、靜、安、慮、得」，強調「活人練活死功夫」。不會因為東西文化不同，言語不同，而產生錯誤與偏差，就是如此，深受歐美教育的香港青年所喜好，詠春拳保有中華文化的固有特質，再配合香港流行的廣東白話，成為中國獨有文化，深入歐美不同文化者的腦海中，使學習者更容易理解與接受，而非是一味地跟著歐美文化的錯誤走向，這是成功的！見李小龍把功夫寫成KUNG FU，今日早成已成為世界言語共識。

1. 時代意涵與文化特點

詠春拳源於廣東戲班「紅船」並且成為反清復明義士的棲身之處，具有歷史意涵與時代意義，正因為這是文化與藝術的結合。今日的台灣，卻是首在政治掛帥，偏偏要把早已成為世界語言的KUNG FU，硬生生改成GUNG FU（剛夫），（如熊貓也要改成貓熊），文化就是要讓不同國家語言者認同，如同我們認同外來語言Bus（巴士）、Taxi（的士）、Coffee（咖啡）一樣，香港人的飲食文化包括：飲茶（MUM CHAR）、點心（DIN SUM）、雲呑（WUN TUN）、豆花（DOU FA），還有廣東人的一句過年佳話，恭喜發財（KUNG HA FAT CHOY），就是因為如此，可以起到文化推廣的作用，也讓不同文化的學習者能夠學習且接受中華文化的薰陶。

是故詠春拳的教者，早就從葉問宗師開始，已把科學、文化與藝術結合為一體，使動作的發揮不必去思索抽象的名詞，詠春拳的動作：綁手（BON SOU）、攤手（TAN SOU）、抌手（JUM SOU）、滾手（QUN SOU），所有動作，透過廣東話的語言，不必更多的解釋，這樣可以直接把詠春拳的文化傳播給外國人接受，成為一種世界語言的共同符號。

WING CHUN與KUNG FU已經成為國際認同的語言符號，這樣學習者不論來自於哪個國家都有機會認識中國功夫，例如，知道詠春拳的歷史源流與發展脈絡。吾人在學習拳術的同時，也能夠將傳統中華文化的哲理與意涵用在為人處世的生活當中，達到葉問宗師強調的「活人要練活死功夫」的目的，了解學習功夫是兼具修身養性、追求科學原理以及弘揚中華傳統藝術文化的一個長遠恆久的過程。詠春的傳承就是中華文化的傳承，武術的精神也是民族的精神。

2. 功夫結合過程與特點

詠春拳使用的過程是一個整體作戰的過程，力量的發揮是藉著感覺帶動關鍵的要素，功夫結合了幾點重要元素包括如下：

- 作戰位置（Fighting Position）
- 作戰距離（Fighting Distance）

↘ 作戰時間（Fighting Timing）

↘ 作戰行動（Fighting Action）

詠春拳強調「有手黐手、無手問手」、「打手即消手」、「以形補手」，因此掌握敵我的作戰距離和位置相當關鍵，動作的發揮在於接觸時感覺力量的瞬間使用出來，藉由手的黐粘去運用「來留去送、甩手直衝」的原理，時間就在瞬間感覺到力量而變換出各種動作，連綿不斷與不加思索的連續動作，使敵疲於應付與防不勝防。因此詠春的「黐手」練習就是要帶給你這樣的自然反應與瞬間應變的能力，時間點也不能搶攻或是中斷，總要有「敵不動我俟機而動，敵動我如山嶽動」的氣勢和能量，「如決積水於千仞之隙，形也」。故孫子兵法亦云：「先為不可勝，以待敵之可勝」，動靜都有「藏於九地之下，動於九天之上，故能自保全勝也」，詠春的運用汲取古人用兵之智慧，強調整體作戰的運用而達到自我保全且立於不敗之地。

由此可知，詠春拳的發展是結合歷史、文化和實戰的精神。從一六五〇年滿清入關後在廣州進行大屠殺，到一八五四年清兵火燒「瓊花會館」，顯示廣東一帶長期存在反清復明的力量，當時在清兵追討反清人士的情況下，廣東也成為許多武者藏身和功夫武術交流匯集的地方。位於廣東佛山的「瓊花會館」也可能成為了武者藏身的其中一處，粵劇舞台表演者本身也擅長功夫武術，因此，功夫匯集的可能性大於襲承。所以，不能說功夫之間的交流就是成了源流，更無法過度引申或穿鑿附會解釋詠春拳源於五枚師太與豆腐西施，這種說法過於牽強，屬於章回小說虛構人物的情節，小說確實能夠迎合大眾的興趣口味，在民間也較容易廣為流傳。不過，這樣的說法卻不太符合歷史背景與廣東的特有文化。詠春拳比較可靠的考證應該是梁贊從「紅船」習得詠春拳技的特殊性之後，由他個人苦心鑽研之後，發展出今日人們所熟知的詠春拳的具體面貌。若是從葉問向上追溯詠春拳的源流，應是：「**源於紅船、創於梁贊、顯於陳華順、盛於葉問**」。也就是梁贊傳技給陳華順，華公傳技給封門弟子葉問，葉問到香港後開館授課，才使得詠春拳開始在各地興起傳播。因此，結合了歷史背景與佛山「紅船」文化，可以說明詠春拳源於廣東「紅船」，由梁贊創立，陳華順得到衣鉢，葉問發揚發大，而葉問之後才使得詠春拳脈在各地開始盛行，達到遍地開花結果與枝繁葉茂的欣欣向榮景象。其中，李小龍的電影和今日葉問的電影更是催化了詠春拳的傳播力度，使詠春拳更是廣為人知了。但是，電影仍是催化劑，今日，真正傳播詠春拳術的還是葉問宗師傳下來的武學功夫，葉師過去經常講：「今日你們不學好詠春拳，將來定要跪地請求外國人教你功夫」，此話一出，確實激勵了大家的鬥志，也使大家有了頓悟，筆者就是深受葉問舅父此話的激勵和影響，努力要把詠春拳傳給下一代，使詠春拳不至於斷代。

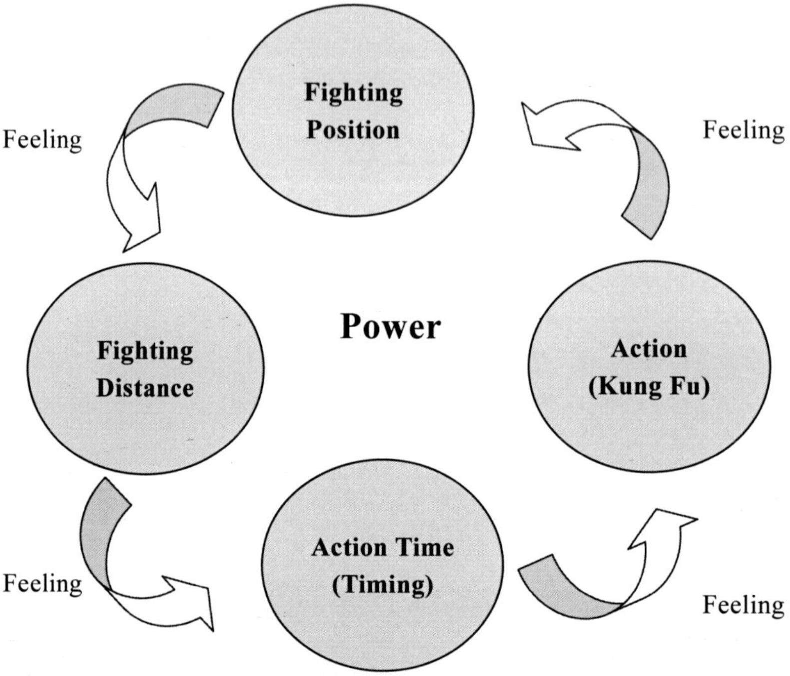

詠春拳不是一般功夫要有力量使勁攻打對方要害，而是兵術中強調的整體作戰（聯合作戰）的運用過程。

Chapter 2

詠春拳的基本思想與運用概念

首先，我想強調的是：「功夫的好壞與段位高低，不是用打人來衡量的。」

功夫的好壞與段位高低，是在於你對功夫的傳授與推廣有多少貢獻，你對功夫的理解有多少，使你能夠在傳授過程當中讓更多人知道功夫的真正意涵。所以，一個人功夫的段位應該是從歷史的定位上來看的，也就是一個人對功夫的貢獻決定了他在功夫上的歷史定位。

拳法有如佛學中的「悟禪」之道。經上常云：「人有『生、老、病、死』，物有『成、住、壞、空』，樹木花草有『生、住、異、滅』。」什麼是我們應該現在要做的，並且可以留給後人參考價值的東西，是我們值得去思考的方向。武術的永恆在於「道」，老子在《道德經》中曰：「人法地，地法天，天法道，道法自然。」又曰：「反者，道之動，弱者，道之用，天下萬物生於有，有生於無。」詠春之道正是在師法天地自然之道和運用相反柔弱之道上不作抗力，反而產生動力，故能千變萬化而生生不息。

詠春拳本身貴精不貴多，能在你手裡發揮出來的，這才是屬於自己的真正功夫。有生於無、多生於精，《荀子・勸學》中，勸導人們要努力學習，強調學習要專一精深，切忌自滿於一知半解，要像「騰蛇無足而飛」，切不可像「梧鼠五技而窮」。所以詠春拳的創始者把拳套分為三個漸進的過程：「小念頭」、「尋橋」、「標指」，使學習者在練習過程中都能學以致用。「學用合一」是詠春拳一兩百年傳承下來的教育方法，學習者務必在求精不求多的方面扎根。

一、基本動作的觀念與思想

在我們認識了學習詠春拳的意義之後，我們接下來可以談具體的動作觀念。

切記：「不要偷打，不要搶打」，這個觀念是在戒貪，因為每個動作都可以是自然反射而來，每個動作幾乎可以消滅攻擊（獵殺），如兵法所講的：「敵不動我俟機而動，敵人動我如山嶽動。」葉問講過：「詠春沒有絕招，用出來打到敵人那招就是絕招。」葉問還經常講：「功夫是死的，『綁手』就是『綁手』，『攤手』就是『攤手』，但是『人是活的，活人要練活死功夫』。」是故，「窮則變、變則通」是中國古老流傳下來的宇宙觀，因此需要知所進退、知所存亡，才是君子之道，君子以自強不息作為「道」的根本。

1. 動作概念

第一，要把思想放開：學習詠春拳首先要把思想放開。詠春拳的動作是要交給手的，你怎麼變出可用動作沒有硬性的規定。不是一個動作打完一定規定要打哪一個動作，大家要把思想放開。當然更要確實了解動作的變幻。一個動作可以發揮若干變化。例如，「攤手」可以轉變為「綁手」、「抌手」、「割手」、「標手」……，也可以上馬「蹬手」或是「蹬手」後「抐手」……等等。身形轉動和馬步的穩定給予手部動作變化最重要的動能。

第二，詠春基本馬步：詠春拳的基本馬步所站的開度，大約是雙腳打開到兩步半，首先身體先站直，讓所有關節不受到任何影響，可以自然放鬆下垂，馬步正確的位置就是腳與肩同寬，膝蓋不要超過腳尖，膝蓋向前彎曲讓身體自然往下，膝蓋大體上是對準腳尖，大小腿兩腿往內箝緊，腳指抓地，從丹田開始身體微微往上提，腹部自然收小腹，站馬需要「腰馬一致」，詠春的「二字箝羊馬」給你一種自然的感覺，不能彎腰駝背。在物理上就如同汽車的前輪定位，在生理上的效應就如同心臟加上一個壓力器，使血液流動全身，如同走8字一樣，獲得健康心肺，所得的結論是能收小腹，天氣冷時血液流通而使手腳不冰冷。

第三，擠出來的手法：詠春拳的手法運用是要由後往前擠出來的，後臂要穩定。例如，「攤手」是用後臂推前臂的方式慢慢向前擠出來的，不是拉起來。擠出來的動作是讓手臂穩定，不被外力動搖，慢是讓你在行進過程中一旦遇到外力來襲時能夠瞬間做出可能的變化，慢也是訓練手臂的穩定度。同樣概念的也發揮在「伏手」的動作裡。有些動作設計重複的理由是讓你的身體習慣一個動作並且放鬆再做，做習慣了之後能夠自然反應出來。「綁手」的動作，手臂與肩膀之間呈九十度，上手臂與下手臂之間大約一百三十度呈現自然的三角，要求是手腕與肩關節要自然放鬆，肩膀不要用力向前。「綁手」以其名就是要「留住對方的來手」，達到「來留去送」，在物理的角度既已成手肘，前後臂角度約近一百三十度，再加上「不做鬥力」，所以一旦來力阻迫的即時就自然發揮「來力瀉力」，還能保持手臂與身體之間的防衛空間。

第四，動作延伸穩定：練習時每一個動作的延伸，一定需要穩定的進行，急不得，那就是要百分之一百穩定完成，感覺上做完一個動作穩定停下來，再進行第二個動作，動作之間的停一下概念是為了把動作確實完成，其概念不是停止不動，而是不能停、不能快，其理由是要把每一項延伸或是圈抌的動作，都要達到百分之一百的正確性及穩定性，這樣一個一個慢慢地進行，使動作的正確性能夠在練習進行中慢慢進入練習者的思想而穩定下來，熟能生巧之後的動作架構是在遇到敵手之後可以不經思考就能即時反應所學，所以在練習動作的過程當中，每個動作需達到不能「拖泥帶水」，所有動作都是乾淨利落，這就是葉問宗師生前強調的「點點清」。這裡特別提出「小念頭」的一些動作，就是詠春拳學習者特別注意詠春拳強調的「埋肘」、「綁手」、「接手」、「瀉力」。這雖然是一二簡單動作，但卻是永遠不能馬虎，這如同建大廈的地基，樑柱的「鋼筋」結構一般。

第五，「黐手」接觸粘連：「黐手」是跟隨練成「小念頭」後進行，可能單一手作業（單黐手）開始，其運作進行，不是相互配合的遊戲，也不是對打套招，而是把學者練成的「小念頭」，進行運用，在接粘運轉中，發揮與增強學者的接觸與反應（Feeling），那就沒有相互配合，「黐手」讓你去面對問題與解決問題，不能逃避問題，並且需要接受挑戰，如同詠春拳中的「朝形」讓你面對敵人而不能逃避，所謂「敗形不敗馬」。進退馬的子午位，這有如人生的進退應對，不能敷衍了事，並且需要全心投入。「黐手」使運動中的動作，由單一而漸進到多樣變幻，而達到熟能生巧，更利用「黐手」過程中，反應出雙方距離、位置，從基本訓練而進入了自然實用。詠春的「黐手」在於黐黏，它給你一種施力的支撐，不僅與對方來手需要「黐黏」，本身自己的手臂與身體之間也是一種「黐黏」的關係，不要去追對方的手，追手會使自己失去正確的攻防位距和自己的中央位置。

第六，「過手」克敵於先：所謂「過手」，就是可以把手掌握克敵攻敵的機會，如作戰的兵力部隊深入敵人陣中，由於「黐手」的基本運作熟練到可以從感覺中變幻，能從接觸感覺中定出對方優劣點而予以運用（也有稱之為「用手」），當然不一定要從感覺中發揮制敵克敵，也不一定非攻不可，但可以從感覺中不斷發揮出「克敵於先」，也就是不給對方可取之機會，做出「封手」，就是兵書中的「克敵於先」，「封手」對敵來說就是：「不給他任何可出擊的可能，成為『克敵於先』、『敵動我如山嶽動』」，但不一定要打倒對方。

第七，「朝形」面對敵人：我們這裡講的是詠春拳的基本手法及基本應該了解的地方，所以除基本面對面「黐手」之外，也要顧及兩人間的距離，以及面向對方的位置，在詠春拳中各位也常聽到「朝形」或是「子午」，可以說是敵我的作戰位置，永遠做到面對敵人，我們用英文去解說「朝形」就是「Face to Face」，「子午」就是中國數千年來常講的「時辰」，在十二個時辰裡：「子、丑、寅、卯、辰、巳、午、未、申、酉、戌、亥」，「子午」就是「十字位」，十字的定義點：就是中央，就是「Center」。詠春的手法強調「沉肘埋中」，可以中央控制與中央突破。習武者重視「沉肩墜肘、鬆腰落胯」，詠春拳就是強調「只有動作、沒有力量」，因為力量是根據你的作戰位置、距離、時間與敵人接觸後的瞬間反應所產生出來的，不是你憑空想像或是自己用力可以得到的。所以詠春拳不能有我想、我認為、假使等等自我狂妄的心態，在練習「黐手」時就是熟悉這些觀念。

第八，需活練死功夫：這是一句非常簡單的提醒語句，的確是葉問宗師生前經常掛在嘴邊的，用來提醒弟子不要被功夫綁住自己，要把練會的都拿來用，因為這樣使對手無法預知你的動作變幻。因此為了更好的發揮和靈活應用，所以除了練就詠春拳的基本手法之外，更要結合「形」、「位」、「距」的發揮，用現代科學去解究「練活死功夫」，就是不能死抱一式對一式，更不存在如何破、如何化的死誦式動作，以詠春拳常用的一二動作來說：「綁手」，各位可否想像出「綁手」接粘對方來手就是無窮反應，所以能在接觸反應中變幻動作，不必預作用思想決定，才能真正進入「活人練活死功夫」，為求再進步「活」字放大，所以就要結合「朝形」、「追步」，也如兵書中常說的「戰鬥位置」、「戰鬥距離」、「發揮時間」……，至於「活人練活死功夫」，簡單去了解的就是不能單一式練就的拳套動作，以開方再開方的數學原理發揮之。

第九，動作變幻無窮：「活人練活死功夫」以及動作「開方再開方」的概念，就是要學習者不能練死功夫，如同一名高深藝術的雕刻家，手上只要拿著樹枝、木片，都可以雕出不同且活生生的藝術品，改用詠春拳技來認知，就如「綁手」，可以變換出「綁手抐打」、「攤打」、「沉肘穿手」……，能在接觸立即反應出來的都是好動作。詠春拳不要你個人想像有沒有力量去使出力量，而是順勢而為產生變化的那種自然發揮的力量。如同身體的轉動和腳步的移動，都可以幫助手部做出動作而發揮力量。如果身體和腳部都僵硬，手部的力量就無法發揮，因為詠春的動作主要在手部，也就是透過「黐手」達到動作發揮的永無止境。「黐手」是使我們動作發揮出來的過程，因此不能停留在「黐手」的固定思想裡面，而是要去開發「黐手」的最終目的。

第十，「隨心所欲」境地：「隨心所欲」不是我要、我想，而是熟練動作後達到自然發揮，所以我用古有的科學觀念，早就提出「定」、「靜」、「安」、「慮」、「得」，來激發學習者對事件與學術的投入以及思想的運作。論語當中提到：「七十從心所欲，不踰矩」，因為七十歲的老人經歷了人生無數的大風大浪，累積了豐富的人生閱歷，在擺脫了世俗的條條框框之後，或許不再願意斤斤計較是非小節，想的問題更是傾向大是大非的格局問題。是故，詠春拳學習者首先要學習基本動作，沒有捷徑與一步登天，必須按部就班，不斷磨練，當經過不斷熟練與實戰經驗的累積之後，動作逐漸進入到「隨心所欲」的自然反射境界，此時心思呈現空無而不再執著於幾次的勝負得失，而是更多的將眼光放長放遠，開拓胸襟思考如何將所學發揚光大，並使更多人雨露均霑，受益於此道。如此，詠春拳術才能得以傳承下去。

2. 思想觀念

1. 沒有目標，祇有感覺。
2. 沒有一定招式破敵，祇有即時反射所學。
3. 沒有金錢可買功夫，祇有良師加勤練。
4. 沒有祕笈祕傳，祇有笨蛋相信。
5. 沒有速成功夫，祇有良師教導。
6. 沒有何招破何招，祇有活人練活死功夫。

7. 沒有不學拳只學樁，祇有自願受騙才有人騙你。

8. 沒有看書、看電視就可以學到功夫，只有名師指導在加上個人勤練。

第一，寸勁運用：詠春拳強調安全最重要，對敵人有沒有威脅不是最重要的，不是要傷害人，而是敵人打不到我使我很安全。比如衝拳，兩手出拳要交叉出去，你有永遠有一隻手在這裡（胸前），所以敵人打不過來，我們的運動量看起來很小，出手的力量很大。時間差很重要，如同弓箭放箭，運用好力量就很大，這是物理的現象，掌握好瞬間的時間差，出現就馬上到你身上，一般講這是「寸勁」。所謂「箭在弦上、不得不發」，這是一種厚積而博發的長期積累後的瞬間爆發力。

第二，穩定力量：三角是一個穩定的力量，不論站馬、或是「綁手」的上下手臂之間和手腕的關節方向，或是「攤手」與護手之間，都呈現三角的位置，這樣三角的結構會使身體產生穩定的力量。「二字箝羊馬」是雙腿向內箝住，角尖呈現向內也是呈現三角狀態，身體自然下垂，重心向下著地也會產生穩定的力量。在練習時就是重複把動作的穩定度練出來，使動作的結構如同大樓鋼筋般的穩固。

第三，力量產生：詠春拳的手法是一種壓縮產生的力量，因為動作與方向的變化產生壓簧般的彈力。兩個物體相撞的同時產生爆炸力，所以詠春要「黐手」，透過「黐手」產生接觸，接觸後產生力量，這種力量是從自然反應而應對而來，不是心理想出來的力量，而是接觸感覺後產生的反應下動作，心理想不能成為力量，必須是接觸反應後產生力量。因此，不要想有沒有力量，而是要每一個動作做好，每個動作做完要停一下，再做下一個動作，停一下的意義要你把動作做完，動作要做到乾淨俐落、點點清楚，不是停止不動，而是動作過程中的接觸產生感覺的瞬間，等這股瞬間力量發揮了，再根據外在的變化再做出反應動作。這就是「黐手」要賦予我們的技能。另外，除了手的變換動作以外，腰馬的身形轉動也可以配合手的動作，轉的動作可以產生離心力，離心力產生的力量可以瀉去對方的衝擊力道。一定要有位置和距離，沒有位置和距離就沒有辦法發揮動作。接觸產生反應，如果對方出一隻手，你接手之後可以再給一隻手，使對方雙手重疊後產生機會，也就是產生了施力的支撐點。詠春強調「有手消手、無手問手」，有了任何的支撐點才能產生接觸的感覺，憑藉著接觸產生力量的感覺，做出瞬間的反應動作。「黐手」要練習你的反應，把反應練出來了，才能在遇到危急的瞬間做出反應動作，使自己脫離險境、不至於受到傷害。故詠春不是要去打人，而是使自己如何立於不敗之地。

第四，「黐手」動作：「黐手」是熟練所學的動作，左右互動，手部關節活動如同曲軸，所以關節的活動如同軸承帶動，因為動能生力。其中也如同埋著壓簧，一般才能達到「來留去送」的自然反射。不是由目視去指揮。詠春不是做些力與美的動作，是學以致用整個原理，都能以物理、數學解說，再引入兵學戰爭術，成為廣面活動作。「黐手」的概念就是在危急中產生，如果遇上敵人突然來襲，你這時候的自然反應決定了「黐手」的產生，這就是平日要練習「學用合一」的目的，「黐手」的訓練說明了詠春拳不是舞台表演的動作，必須全心投入才有功夫的練就的可能。

第五，木人樁法：木人樁設計練習動作，當中當然有重複的動作，重複才能產生變化，一個動作在你手上可以變出無限個動作，木人樁開發你的思想，道理就在這裡。思想中的樁人就是活人，所以練時就如同進入實際應用。木人樁由於是固定的，可以用來確認練習者動作的正確性，同時，也可以扮演你「黐手」的對象，讓你可以練習很長的時間，把你的感覺與思想練出來。

二、詠春的動作運用與變化

詠春的基本手法有：「攤手」、「伏手」、「綁手」、「綑手」（「滾手」）、「耕手」、「抌手」、「抐手」、「穿手」、「攔手」等等。詠春拳的基本手法與慣用術語很簡單明暸，手法從「來留去送，甩手直衝」的順勢中表現出來。詠春拳的創始者，以「化招破形」的思想概念來設計基本的手法，消去一切的招式，破除一式變化一式的預設形體動作，經由基本手法形成與對方產生「黐手」，將即時反應所學的手法發揮出來而化解危機。注意的是：熟能生巧，變化自然，沒有固定招式。

1.「綑手」變換

「綑手」就如同繩子有捆紮的意思（或稱「滾手」，從滾動中帶出綑綁結合的變化）。故在與敵人對壘時，應掌握著利我的作戰位置。理解兵學中「敵不動我俟機而動，敵動我如山嶽動」制敵於先的道理。

舉個實例，如果敵人以旋腿攻擊，當「綑手」粘接的即時，你可以採用低樁腳回擊，因為這時的對手，只有單腳著地，當然也可以迅速移位側踼，所謂兵不厭詐。你也可以「綑手」粘接的即時，採用迫步向前，使對方失去重心。「綑手」的手法包括「綑手側踼」、「綑手抐殺」、「綑手迫身」、「綑手橫掌」、「綑手攔打」……。其動作之變幻，除配合作戰的位置和距離之外，就是個人生理和反射的動作結合情勢，掌握時間與使用先機，加上動作需要熟能生巧，正如常人所說：「老兵不死」，就因為老兵經歷了無數戰役並且累積了豐富的作戰經驗。

2.「穿手」快捷

「穿手」如穿針，穿越的敵人的封鎖線，是具有極大攻擊的快捷動作。

詠春拳在使用上如同大兵團作戰，所以，你能以快捷的手法直穿敵人的心臟地帶（中央突破），無形中是瓦解敵人的戰鬥力，或是即時控制了對方的攻勢，這才能達到制敵於先的效果。

詠春拳的一切使用動作，都是因為個人生理以及對壘時的環境，以及自我的變化，左右交叉，上下相承，才不致於被死招式束縛著。因此，在詠春拳的動作用手上，一再強調「打手即消手」或是「有手消手」、「無手問手」的概念，以達到攻擊代替防禦的防衛效果。敵人痛不痛沒關係，我們不是要打人，關鍵是敵人打不到我，我就有機會制敵於先，達到自我保護的防衛效果。在動作上，經由接觸的瞬間感覺產生反應，反應使你的動作發生變化，變化產生力量；在戰術上，必須要同時考慮進退位置、距離與時間；在戰略上，所謂「知己知彼、百戰不殆」，攻防之間需要考驗你的意志力、承受力、抗壓性和前瞻性，如何把劣勢轉變為優勢，詠春強調：「來留去送」、「借力使力」，必須能夠做出最好的情勢判斷。

切記練拳不可「貪」，因為「貪」是失敗的導因，所以學習詠春拳的人都應該牢記：「貪打終被打」這句話，但是有機可乘時仍須「應打必須打」，才能解除危機，就是所謂的「攻擊是最好的防衛」。

舉例來說，「穿手」的使用可以從多方面來進行：

第一，「穿手、走手」：當敵人出拳進攻時，即採用穿手黏粘著來手，然後左右交叉「穿手」，直迫對方頭、頸部位；使用左右交叉「穿手」誘敵雙手在上方交叉時，即進行「走手」直攻對方腹部；利用迫身掌，佔據有利的位置和距離，即時使用底掌進攻。這個動作有聲東擊西的作用，使敵觸摸不著，上下交叉，也使他防不勝防。

第二，「穿手、攔手、漏打」：以交叉手穿上對方的直衝拳，接手之後即時左右交換「穿手」為「攔手」，迫身把敵雙手架空，在敵人雙手重疊的瞬間，即行迫身，由上向下，漏手直拳進攻。迫身直拳，採用的是遠迫近攻的方法。

第三，「穿手、抐手、側踼」：接手時，以下方向上穿梭，俟兩手黏著時，即時變換手法；把上方高位的手，即順勢轉為30度的「抐手」，使對方瞬間失去腰馬；攻擊位置，採取正面朝形，即時改為走位側身貼身「耕手」；在敵人誤以為是貼身「耕手」進迫時，瞬間把位置拉開，以身形穩定重心，側踼對方下椿位。這是使用補形的手法，待敵人全力集中在馬步時，即時走位側踼下椿。

3.「抐手」借力

在廣東話的「抐」，其意思把身前的東西，透過手部的自然活動，全部移作己用（並非「摟」的緊緊往身上貼靠），所以詠春拳動作中的「抐手」，是透過手部的活動，化阻力為助力，達到借力出擊的目的。

當「抐手」的動作在使用時，偶要借助其他動作的配合，如作戰的位置和距離，敵我的空間、「穿手」、「滾手」、「綁手」等等，發揮「來留去送」的作用，在「抐手」的同時，發出攻擊的動作。為了達到「抝手」的成功，也需要配合身形與步法，「以形補手」（以身體的偏向，配合手上功夫的發揮）。但為了身形、手法和步法的配合，必須馬步要練得扎實，所謂的「敗形不敗馬」，腰馬應是合一的。

在此列舉「抝手」的三個實例：

第一，「攤黏、穿頸、抝身」：當對手擺出準備攻擊的手法時，我即馬上以「攤手」接觸並黐黏著對方的前手，然後以偏身「穿手」，直伸對方左上側方，瞬即以「抝手」抝下對方肩部，並即時以膝蓋貼身攻擊對方腹部。

第二，「滾穿、穿問、抝攻」：當敵方直拳或小勾拳進攻時，即行使用「滾手」黐黏住對方的來勢；或當對方發出攻擊時，即行以穿手、問手，引出對方的來手，迫使對方再度發拳，即時順勢使用「抝手」，使敵方雙手左右交叉重疊而中路空虛，獲取最佳攻擊位置。

第三，「迎敵、封抝、蹬踼」：迎敵時，首要面向敵人，並即時擺出詠春樁手手法及「二字箝羊馬」，待對方發動出拳時，採用「敵動我如山嶽動」的氣勢，瞬間以「外門手」封抝對方樁手並控制其中心位置，順勢使出詠春拳的直蹬腿，直攻對方，此即「抝踼」。

在「抝手」的使用過程中，順其抝的部位，抝下對方的手，使對方瞬間雙手交錯，失去活動先機；或是在抝下對方的身體，而儘佔攻擊的死角；或是透過力量的反應，在「抝手」時使對方失去中心力量，達到借力使用；或利用對方巨大的身體，借瞬間「抝手」的活動，移走本身最有利的攻擊位置；甚至與敵貼身時，利用兩者之間的空間，以「抝手」抝住對方的脖子或是肩膊，再配合攻擊力量予與反擊。以上動作的出現，全在於準確掌握雙方接觸後所產生的即時反射動作。「抝手」不像「拉手」、「摟手」，以「鬆」、「柔」配合整體，達到「以柔克剛」擊倒強敵的效果。

4.「黐手」連黏

「黐手」，應該是詠春拳的專有名詞。「黐手」就是強力粘黏的意思，就是要：「連黏迫攻，絕不鬆開」。

因為在粘連的過程當中目標中心是在前方，你不收手就迫使對方必須伸出手來接應，此時當你能夠以一隻手連粘對方兩隻手，你總有一隻手在胸前可以準備攻擊對方，因為手始終沒有鬆開或收回來，這就產生了連續連黏迫攻的攻擊效果。力量和速度是在你動作的位置、距離和時間當中產生，平日練習每一個動作就是在養成控制這三項要素，若是失去了這三項要素，「黐手」就不能進行成功。

詠春拳的練習改變一招一式的練習為「黐手」的訓練，透過長期的接觸、反射，再接觸、再反射，把所有所學的手法和動作，成為接觸後的自然反射動作，不必靠目視來指揮大腦。如同駕上一輛雙輪自行車，只要不斷踏動就可以向前行走。「黐手」能夠檢驗你動作的位置、距離和時間是否運用得宜，與對方接手之後是否立刻做出相應的回應，沒有動作就等於失敗，這就如同不斷踩踏車輪才能使車子處於行進當中。

學習者平時練習需要熟練「黐手」的動作，把感覺練出來，不需要強求如何變化招式，一切招式經由變換動作而產生。因為敵人是有生命和有動力的活人，所以一交手，任何準備好的招式和動作立刻煙消雲散，也沒有時間讓你想何招破何式，最重要的是要把基本的動作如「攤」、「綁」、「抌」、「捆」、「耕」等等確實做好，要在練習時把基本動作的位置做正確了，以及檢視自己有沒有把基本架構產生的自我防禦空間確實掌控好了，並且檢視自己有沒有在接觸的瞬間的時間內做出反應動作，沒有熟練「黐手」的動作就無法感受到對手的動作變化。

「黐手」就是進入實戰狀態，只要身體周圍出現狀況，或是面對敵人，即行自然反射，立即進入自保狀態，瞬間要做到「有手『黐手』、無手問手」。事實上，也只有在瞬間掌握狀況，才能夠在危險時制敵於先。如果在敵我對峙的即時，你要先看對方出招，而使用見招拆招或是以形破形，就算你能成功，也是招招處於被動的狀態。目視或是腦中想像都不能產生力量，只有接觸後掌控時間、位置與距離才能產生力量，不能讓敵人破壞你本身應有的結構，所以平日需要不斷練習與熟練基本動作。

「黐手」是在接觸敵人時可以瞬間反應出來所學的動作，因此無須複雜抽象的各種形容詞或是名詞。確實是，不論練武者投入哪一個門派有多深，真正情況發生時，在和敵人對壘時，敵人是不會配合你的動作，因為這是戰鬥，不是遊戲。例如「綑手」的出現，能達到「來留去送」的目的。「綑手」就是即時與對方來手達到「黐」的目的，如果對方力量過猛剛好借由轉身瀉去對方來力，如果結構掌握正確了，都無須考慮見招化招的問題，就是接觸反應的自然反射動作。「連黐迫攻」是要「無手問手」，然後配合「黐手」的動作，製造解除危機的動作而化解危機。（就如同三十六計中的「引蛇出洞」）

詠春拳的手法的發揮必須透過瞬間的接觸和黏連，透過接觸點的力量回流或是推迫，感受到對方的力量，個人的動作結合生理的優勢，做出即時的反射，反射無限的攻擊，因為人是活的，功夫是死的，在同一個攻擊點上，每個人未必做出盡同的反射動作，不必強調力與美，卻需要迅速反應與明哲保身，這應是人之嚮往學以致用的道理所在。

由於詠春拳的「黐手」是「學用合一」，學習者熟練了基本拳套之後，就進入了如何使用的階段，只有透過不斷的用，才能把所學的一切，成為應用生理的一部份。學習者透過「黐手」的訓練，方能達到孰能生巧的境地，所云：「拳套三月，『黐手』三年」，唯有經過不斷的實際接觸，戰時才會得心應手。

確實，中國的每門功夫都有其優良的傳統。中國功夫有著數千年來的傳統，實有其存在的獨特之處。但問題在於學者是否有足夠的時間與耐心去投入學習，來承傳一切的優良傳統。這要看學者對其所選學功夫及其深入追求的時間和作為而定。

三、詠春的基本腳法與練習

詠春拳是一門著重「黐手」練習，達到貼身、迫身攻擊的功夫。其攻擊手法是採用連環使用，而不預設本身和對手立場，從不採取見招化招、見形破形的方法，而是以「『打手』代表『消手』」；其動作的行使，有如騎在自行車上，不斷踏著腳踏板前行。詠春拳的教導者也會一再提醒學習者：一定要做到「有手『黐手』、無手『問手』」和「粘連迫攻、絕不鬆開」。

詠春拳的腳法在三套拳當中，出現在「尋橋」當中的直踢（「蹬踢」）及收拳前的一記「擺踢」，就沒有出現其他的腳法動作，難怪旁觀者不能窺其全貌。但功夫不能以外觀或是套路斷定一切，應再作接觸及深入了解。

1. 詠春腳法

練武傷人是教者的大忌，故詠春拳的腳法不能行於兩者互踢。

做到腳達即停，實非三、五年苦練能有所成就，故此，除了個人以三角樁（又稱作「品字樁」）來加強定位及走位練習外，就要依靠木人樁法的一百零八式動作中的「詠春八腳」。此種練習方法，既不傷人，又能達成快準的定位，和手部動作的配合。

學習者於埋樁練習時，在思想上應是把面對木樁視為面對一個具有相當功夫的活人，而不是面對一個無生命的木頭人。若任意亂打亂踼，用作娛樂，那就大錯特錯，更是自欺欺人了。

學習者可以利用木人樁熟練詠春拳當中的腳法：「側踼」、「蹬踼」、「踏踼」、「穿踼」等多種低樁腳法。還可以領悟到如何走位出腳攻擊，如何利用「攤手踼腳」、「抐手踼腳」、「拍手踼腳」等各種手腳並用的動作。主要在不傷人的情況下，利用木人樁把一系列的活動作一一練熟，在使用功夫時達到手到腳到、走位踼腳、瀉馬踼腳的要求。

2. 腳法練習

腳法的踼出在於克敵致勝，使對手有嚴重的傷害，但是教拳的過程中，傷害人是大忌，是教者最不願意看到的情形。所以，以「木人樁」或是「品字腳樁」，讓學習者反覆練習，給予學習者對腳法有深入的了解和練習，加強腳上攻擊的快捷速度和使用力道，使用「木人樁」練習的好處是不會傷害到人體。真正遇到危機狀況時，又能夠立即克敵致勝。

「木人樁八腳」動作如下：

第一，拍殺側踼；

第二，綁手轉攤踼（也可以綁手移位蹬踼）；

第三，攝馬側踼；

第四，穿手直踢；
第五，側身綁手踏踢；
第六，綁手拍（手）踢；（也可以按手拍踢）
第七，綁手抐踢（拍腳）；
第八，雙手抐踢或是托手直踢（是打完最後一節樁，收樁時打出）

「三角品字樁」的練習動作如下：
第一，滾手瀉身側踢；
第二，走位綁手側踢；
第三，攝腳側踢；
第四，穿手直踢；
第五，拍腳側踢。

事實上，詠春的腳法踢出與手法一樣，需要有利我的作戰位置和距離，並且把握時間差，瞬間發揮閃身側踢和瀉身直踢，給予敵人防不勝防的關鍵一擊，化解危機。腳法的踢出不在於傷害人，需要借助使用木人樁練習，木人樁有場地和道具的條件存在，故比較少看見學者在「黐手」過程中使用腳法，是在於避免給與他人在學習過程中造成人體傷害。不過，腳法和手法相同，學習者平時練習時，也必須是「心意合一」、「手到腳到」，一切的動作全是在於發揮所學，達到「學以致用」的目的。

3. 再談腳法

詠春拳中的「蹬踼」和「擺踼」，是讓學習者去領悟出腳的發力和定位。「擺踼」的動作使學習者領悟到如何發揮連消帶踼的功效，並透過腳法的練習，使練拳者自我體認其本身的馬步功力。因為轉身或是轉馬的即時踼腳，如果練習者本身馬步和旋轉時的中心位置不夠穩定時，「蹬腳」或是「擺腳」的踼出，就會感覺到下盤抓力不夠與重心不穩。為了使身體有協調性而確實做到腰馬一致，練習轉身時腳盤要貼地且腳趾要抓地，轉的角度在四十五度到六十度之間，身體才不會因重心不穩而後仰，重心是在整個人的站立上（所謂的腰馬一致）。

因此，練習者必須在「小念頭」拳套中，確實做到「二字箝羊馬」中的「箝」、「抓」的穩定性，這與著重在拉筋高踼不同。再進一步了解，「二字箝羊馬」不僅要做到「箝」、「抓」，更需要配合身形的「腰馬一致」；因為在攻擊時的「迫步跪腳」，就是依賴平時對「二字箝羊馬」苦練而來的。詠春拳的腳法，不能單靠外觀而下定論，正如古人所說的：「不登高山，不知山之高也；不臨深谿，不知地之厚也。」

詠春拳採取低樁腳法，究其原因，都是要配合手門的發揮。因為低樁腳給了手腳並用的條件，不受生理及地形環境的影響，即使處於電梯、窄巷、樓梯中間者，仍可以發揮自我，霎時踼出，而且不必進退馬或吊腳就能發揮連環腳踼的動作，令對手防不勝防。古人講「定、靜、安、慮、得」，要能達到稱心如意，更要練習小念頭時練習單腳馬（獨立腳）。

詠春拳的腳法過狠，必然出腳傷人，教者會再三提醒，「黐手」對練時不能出腳攻擊傷人，以減少練習時的傷害。如果練習者經過多年的磨練，偶爾也會兩者黐腳練習，但僅限於「閃踢」、「耕踢」、或是「迫步蹟馬」等等，以增強其信心，確實是「練武如磨刀，刀越磨越利，功越練越深」。

Chapter 3

詠春拳的實戰概念與方法

在詠春拳的練習過程中，會有一些使學習者能夠領悟和深入瞭解拳理的術語，如：「來留去送」、「甩手直衝」、「步步追形」、「點點朝午」、「盤手迫身」、「移位接手」等等。其用意在於帶領學習者進入狀況並掌握要領，可以做出自由發揮的本能，進而使所學的一切不受到一招一式刻板動作的限制。

詠春拳本身是要學習者把所學的一切全套動作，在接觸的「黐手」過程中，透過接觸的生理反應和接觸時瞬間的力量流向，能做出「瀉力」和「借力」的動作變換。當然在接手中間所產生的「瀉力」動作，除了可減去與對手正面力與力的對立衝撞之外，也使對方無法發揮其著力點。如同兵學中的誘敵深入，使敵人縱身過前而失去戰鬥力量。

一、面向敵人、步步追形

為了使在與敵對壘時，容易達到本身所長的黐黏動作，需要拉近有利於詠春拳者的敵我距離。「步步追形」這句術語，在於提醒詠春拳學習者在使用功夫時所處的敵我接觸位置和距離。

1.「朝形」身位

詠春拳者要在迫近當中掌握作戰有利的距離和方位，這就是「朝形」身位，簡單來講，就是「面對敵人」、「步步追形」。「朝形」身位就是要保持與敵人面對面的平行的身位，因為這樣才有利於本身發揮攻擊與防衛。

如同現代戰爭中，把火力對準敵人，但仍要把火砲移到有效射程之內，而且在敵人轉移陣地時，戰場的指揮官更要即時把本身控制的火力，再度轉移佈陣，永遠對準敵人。這樣方能在利我的地形位置上，有效壓制敵人，進而得到勝利。這個原理，如果讀者了解火砲的運用，或是戰場砲兵指揮官，就更能瞭解。

所以，簡單的「步步追形」，透過活的發揮，會使手中的詠春拳技，能廣面的發揮。為了使詠春學者，進一步去體會「步步追形」與「朝形」（站穩面向敵人的攻防位距），故在「黐手」練習時，就先去熟悉如何做到「盤手迫身」、「移位接手」的位距練習。使真正在與敵對壘時，能做到「步步追形」，達到「粘連迫攻、絕不放鬆」，因為只有這樣，才能在站在利我的方位上及利我的距離上得到收益。

在詠春拳的發揮運用上，早就拒絕了採用「見招化招」、「見形破形」的使用方法，因為你的對手可能是來自於泰國的泰拳、歐美的西洋拳、或是日本的空手道、或是……等。此時此境，確實是「無招勝有招」、「無形勝有形」。所以平時習慣手門，配合借力、瀉力、朝形迫步，這又如同人們常說的：「兵來將擋，水來土埋」，這樣在對壘時，才會控制全局並且主動在我。

2.「點點朝午」

至於「點點朝午」，首先我們先了解朝午的「午」，在中國古代十二個時辰「子、丑、寅、卯、辰、巳、午、未、申、酉、戌、亥」中，「午」在中央的位置。在一般習慣上說，子、午就是縱與橫，等於一個十字位，在功夫習慣上常聽到說「子午位」，就是「中央十字位」。

在詠春拳的動作中，有些動作近似於兩手在胸前交叉成形，而這些近似的交叉動作，就被稱為「子午手」，為了讓歐美人士更理解「子」、「午」定位的「子午手」，李小龍生前把它叫做「十字手」。動態的活動如同中央突破，我們也不必對不同語言文化的人多解說，可以用英文center來表示。

確實「午」在詠春拳的定論是子午位，也就是中央部位，所以學過詠春拳的人會了解到「子午手」即是「十字手」。細觀詠春拳的動作，如「耕手」、「滾手」、「綁手」，甚至是「耕刀」、「滾刀」……等，都是子午位的出現動作。

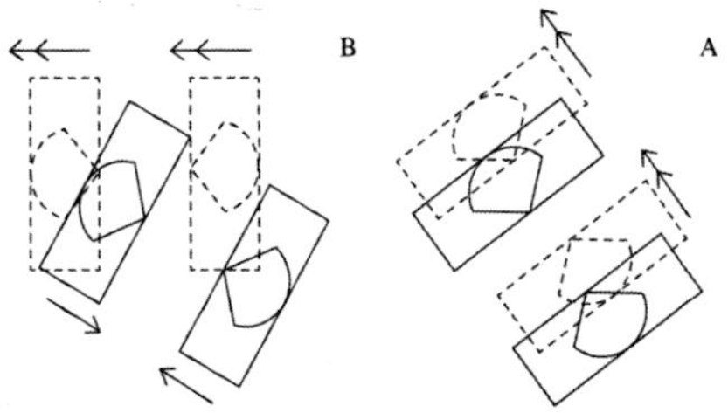

因為此類動作，能夠左右手交叉互換，對攻或防，都有其互補的優點。

詠春拳的「點點朝午」，廣義來說，就是每一個動作都「控制中央」。這樣才在防的方面，有如「關門」的比喻，在攻的方面，有如戰術中的「中央突破」，如同重武器對準敵人心臟地帶。所以既然有機會攻擊，這當然是敵人的中央，而且在攻擊的時間上來說，更是較為經濟。再以幾何學來證出，「兩點之間，直線最短」，所以掌握了形之後，再來配合中央突破，我相信兵學與功夫之共用，也有近似之處。

3. 朝形與朝午

舉例來說，當敵方以小勾拳迫近，即行「攤手」黏連對方攻手，並同時出擊進攻對方子午位，進行「攤打」，敵方即行回手便出左勾拳攻右手，我即行發揮「甩手直衝」的動作，當我方感覺到最左身位無法與動作配合，在形的方面無法發揮，即行轉身變原接手「綁」為「攤手」，變「護手」為「綁手」，迫向對方形成「綁手」、「攤手」，而且在形的方面，更追迫成為與敵平行身位：「朝形」，不同的動作反應都與對手形成一個移動的追形攻擊與消手，但在出手攻擊點，則是「點點朝午」，直入中路。

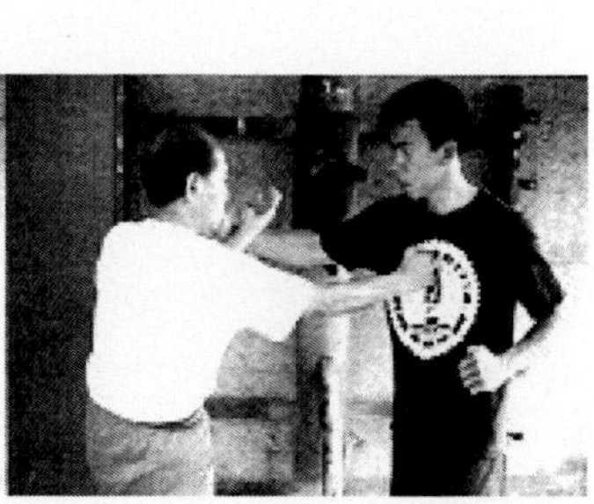

二、接黏上手、腳攻下盤

在詠春拳理當中，不論是「小念頭」、「尋橋」、「標指」、「木人樁」或是「八斬刀」，其配合的腳法都是低樁腳法，全部是以中下盤為出發點，故不可能出現有跳踢、旋踢、地螳、高掛腳等等腳法。

1. 低樁腳法

詠春的腳法全部歸納在木人樁法之內，但最高的一腳「穿手蹬腳」（一般稱為直踢），其攻擊點也在心窩以下。其他如側踢也定位在前膝與後膝。蹈踢也定位在膝上的波羅蓋（臏骨）部位。「抐踢」、「拍腳」更只有在離開面約二十公分之間（一般稱為上五吋下五吋），及小腿上的脛骨。「拍腳」更是貼近地面的左右移掃攻擊。以上種種，全部是配合手部黏連後而出攻擊，使敵人防不勝防。這正是兵法中的「兵貴神速、出其不意、攻擊無備」，而不是見招化招、見形迫形。

為了結合手腳並用的容易發揮，練習者在學習第一套拳「小念頭」時，就要練習獨立馬步的站立，以配合日後手腳並用時的動作。至於獨立馬的標準，是以腳尖、膝蓋、心窩三點成一水平線位，上身直立，而另一條腿則以半彎支持全部平衡的力量，這也是詠春拳中不易突破的一環，但卻能使習武者達到「定」與「靜」，使心中無物，所以在練拳之中，洗去習武者的七情六慾，專心一致，達到成功之路。

（附：獨立腳的進行成功，再加上勤練，這更是愛美者瘦腰的最大收穫。）

2. 手到腳到

在詠春拳當中不強調如何單獨用腳攻擊對方，所以口訣當中常以「以形補手」、「打手即消手」、「有手黐手、無手問手」，因為用手來得自然、也來得快，手能夠引導腳一齊進攻。

事實上，當遇到突然的襲擊時，唯一本能反應的、迅速保護身體的，仍然是一雙手。當然，如特別訂定規則的，如跆拳道比賽，則另當別論。所以，真的遇到兇徒襲擊，或是瞬間惡狼伸爪，還是靠雙手熟練的反射動作，且接手後，低樁腳法順勢而發，使敵防不勝防。

「來留去送」、「甩手直衝」，是要能夠留住對方的攻手，也只有靠自己的雙手，這也是詠春拳中強調的「黐手」的原因。只要黐住對方的手，順勢往接觸點下方延伸，自然是對方的腿部，只要平時多做體驗，低樁腳法實有其獨特之處。

練習「三腳樁」（或稱「品字樁」）的基本動作：滾手側踢、走位、穿手蹬腳。運用時即發揮貼身後「接連上手、腳攻下盤」的動作。舉例來說：

第一，擺出樁手，以靜制動；

第二，穿手接手；

第三，順勢借力迫身；

第四，迫身提腳；

第五，滾手側踢；

第六，接手拍腳。

因此，詠春拳的低樁腳法的特點就在於：「移位迫身」、「接黏上手」、「腳攻下盤」。清楚了解詠春拳的待敵、借力、移位，以及迫身出腳的情形，使敵人被瞬間突如其來的移位迫身與粘連牽制住手部動作，遭受我方出腳攻擊。詠春拳中沒有高踢腳法，因為高踢腳法會失去詠春黏連的動作，無法發揮手腳同時配合的攻擊力量。所以詠春拳腳法在使用上，會經常出現「拍腳」、「跪膝」、「攝馬」、「食馬」等手腳同時配合出擊的動作。

3.「抐踢」一擊

詠春拳動作在於實用應戰的部分，就因為這個原因，對於一些愛好表演、追求美麗招式的學習者，就會大失所望。詠春拳強調的是「用」、不重「看」，它所強調的動作是如何結合生理的特點，發揮有效的自衛力、打擊力，與對於樣板武術注重體操式或是舞藝式的滿場飛大動作，就大大不同了。

詠春拳的「抐踢」動作，透過左右交叉的即時配合，以順其自然的借力方式去進行，予敵瞬時無所措其手足，而達到攻擊目的。如果強調力與美，大敵當前會感受到學非所用。

簡單講解「抐踢」的動作：

第一，接住對方來手，站住有利身位；

第二，使用「抐踢」，以形補手；

第三，入敵中央地帶，抐敵之手，踢腳直攻，或是拍踢。

「抐踢」連續動作：（踢不必選擇目標或是如何踢，成功是最好的動作）

第一，樁手迎敵；

第二，敵舉手時，黐上手後為「抐手」；

第三，再以「抐手」抐下敵方攻手時，即時出腳攻之；

第四，借由腰馬合一的轉向，踢其膝部，抐踢合一，使敵上下不易兼顧。

是故詠春拳的動作特點在於上下、左右及手腳的配合，強調黏連出擊，達到破壞與攻擊的效果。詠春拳的動作在不預設的情況下，透過一系列的接觸反應，做出自然的發揮，不受一招一式的限制並打破同一方程式的活動，才能掌握著一波又一波的攻擊動作，使敵人疲於防衛，甚至失去自我，直到對方瓦解攻擊為止。這裡舉一個例子，如果你是狙擊手，都要第一：等敵人出現，第二：進入射擊位置。

三、刀來刀往、刀下留刀

在詠春拳的應用動作裡「抐手」是經常出現的動作，更是練詠春拳者必須熟悉的動作。因為「抐手」的出現，一時之間會令對方不知所措，也會使其瞬時失去重心，更會做成左右雙手相互重疊或是打結，因此失去攻擊力量，甚至會遭受嚴重的衝擊，失去戰鬥力量，而造成一招錯，全軍盡沒的後果。

「抐手」的產生，除了功夫本身的動作運轉之外，位置和與敵之距離，更是使「抐手」動作能發揮作用的巨大力量。當然，腰馬更是不能少的一環，所以在「抐手」動作進行的同時，發揮「以形補手」、「腰馬一致」，相互相承，使動作如同「行雲流水」一般順暢，一氣呵成，才能克敵於無形。

1. 抐刀解析

「抐刀」就是徒手對持刀的敵人，一般功夫稱之為「空手入白刀」。面對手持利刃的兇惡的歹徒，一般人早已魂飛九重天與手腳發軟了，所以平日練刀要以實戰訓練，使動作習慣成自然而發揮出來。

詠春拳的「抐刀」就是要發揮「抐的效應」，再配合其他打擊動作，發揮迅速打擊力量。其動作手法的「抐刀」，配合腰馬力，以及壓制持刀者生理上的關節活動位的弱點，瞬時發揮「抐刀」及壓制或鎖制的效應。

為了達到學用合一，以及排除恐懼的心理，平時學習者需面對手持鋒利真刀械者，專心實戰操練，這樣才能使自己在熟練之後，面對執刀兇徒不驚怕才不會亂陣腳。所以除了勤練動作之外，在心理方面也納入訓練的範圍。故在心理上，不能對敵有仁慈之心，因為對敵人仁慈就是對自己的死亡。「抐刀」也不能操之過急，以免造成疏失。戰術上，應持著有效的作戰距離，掌握作戰有利的地形，掌握著制敵的時機。這裡可能有人會說，詠春哪裡有奪刀，各位是否有聽過宗師生前常說的：「能贏的就是好功夫」，這也有如同歷史人物鄧小平常說的：「不管黑貓、白貓，會抓老鼠的就是好貓。」

2. 抐刀應用

為了使讀者更深一層去了解「抐刀」的動作，提供各位練習的動作參考。

「連環抐刀法」：

第一，面對歹徒，心無畏懼；

第二，穿手接迫對方持刀手；（使用外門手）

第三，順勢「抐手」、「扰手」。

或是當敵人直線垂直攻擊時：

第一，穿手粘接對方攻手；

第二，使出「抐手」、「殺手」攻入對方中央要害部位；

第三，接手後繼續再使出連環「抐」的助攻動作，達到「抐打」的目的。

「斜肩手抐刀法」：

第一，當敵人舉刀斬殺時，掌握敵人舉刀瞬間，穩住敵我作戰位置；

第二，穿手接刀，順勢「移位抐刀」（抐住敵人執刀的手）；

第三，同時擊出「扰手」，扰壓對方肘部關節；

第四，藉由「抐手」的「借位拉力」，使對方突然失去中心力量，加上關節被制而被制服。

「對肩手抐刀法」：

第一，面對敵人舉右手刀時，以左手穿入敵人的持刀右手；

第二，並及時利用身位出手直壓對方頸部動脈；

第三，獲得對方身位時及時「穿手抐刀」（控制對方持刀手）；
第四，利用右手回手扳按對方執刀手的肘關節；
第五，再配合「抐手」與「托手」制敵，移動身位壓、托對方執刀手關節；
第六，出腳並壓下對方的身位，使其無法反抗。

在動作上，不能去做那些套招式的練習法，只著重在如何破敵制敵，不求招式漂亮，不必去研究那些樣板的動作。故此，練習者的個人動作和生理優勢的配合，都是決定動作使用成功的要素。

註：這些動作確實不是詠春拳者必練或必懂，身為一名國際認同的軍警戰技教官的我，值得在此與同門互通經驗。

Chapter 4

詠春拳的
基本拳法與實戰

「活人練活死功夫，動作不離『攤』、『綁』、『伏』。」

詠春拳的實用招術，以及「黐手」的應用與思想概念，獲得了許多國際人士的喜愛，究其原因，在於詠春拳沒有複雜的解釋名詞，並且給予學習者「易學易精」的科學原理去理解和學習。本人在過去二十年當中，在國內外指導了許多詠春拳的學習者，感受到詠春拳作為中華武學的一脈，弘揚拳法並使其發揚光大，已是本人傳承詠春拳脈不可推卸的歷史責任。

一、基本拳法

詠春拳術，不像一些看重在套路上的拳技，它不可能一套拳接一套拳連下去，或是某某拳為基礎拳，又某某拳可破某某拳，更不可能配上音樂如一曲「漢宮秋月」，或是「將軍令」，或是「賽龍奪錦」，或是「聞雞起舞」……等等。詠春拳重在實戰時能夠立即反應一切所學，而達到克敵致勝與解除危機的效果。

詠春拳有三套基本拳法：「小念頭」、「尋橋」、「標指」；一套「木人樁」法；一套「八斬刀」雙刀法；以及一套「六點半棍」的單頭棍法。

「木人樁」是許多學習者嚮往的樁法，它結合拳套中的動作混合而成，用於糾正動作、穩定動作和激發個人的活思想。

「六點半棍」是自梁贊先師（人稱「佛山贊先生」）之後參進來的，成為詠春拳獨有的棍法，主要用於增強練拳者臂力和腰馬力的。其全套棍法也減化成為七個不同的招式，而且其中最後一式則守勢重於攻勢，故僅算是半招，此乃「六點半棍」的來由。

1. 行「小念頭」

第一套基本拳套是「小念頭」。其意義如同其名稱，從一些小小的思想動作開始做起，沒有上馬或是跳踢，或是打四門等等動作。

整套「小念頭」的動作，著重在訓練學拳者的動作和生理的結合，以及思想上的「定」與「靜」。故在「小念頭」的一百零八式動作裡，也僅僅有「攤手」、「伏手」、「圈手」、「扰手」、「蹬手」、「護手」、「抐手」、「耕手」、「綁手」、「滾手」、「拍手」、「抹手」、「抛手」、「割手」、「標手」、「脫手」、「連環直拳」等基本動作。再加上直掌橫拳、底掌以及直拳，而且更以左手、右手分離單獨出手，也不移動「二字箝羊馬」，以此單獨分離延伸到收拳為止。

詠春拳如果在舞台上表演會被觀眾認為不像功夫，因為沒有虎虎生風或是上下跳躍的龍、蛇、虎、鶴等等形態，也無法表現出力與美。不過詠春拳卻是「學用合一」，強調學習者反覆熟練基本手法，配合個人生理與反應，遇到狀況時可以即時反應所學應敵，達到克敵致勝的目的。

2. 交換「黐手」

透過了基本拳套「小念頭」的熟習，才開始進入了使用的階段。「接手」、「黐單打」、「綁手抐手」、「盤雙手」（又稱為碌手）、「盤手過手」……等手法熟習之後，才按步增進的進入「黐手」的對練。學習者經過與不同的師兄弟相互不斷地練習「黐手」後，慢慢將身體的反應練習出來，這樣可以從不同人的生理習慣和手法當中，學習到了自身的「來力瀉力」，以及「借力出擊」的自然反應。基本手法的結構掌握穩定了才可能做到手法的變換自然，例如一個簡單的「綁手」，如果肘的角度不對就無法抵抗來力攻擊，不但無法瀉力且還會被對方衝拳破壞結構而失去應有的防禦空間，所以基本動作的正確性和熟練度可以幫助結構穩定，遇到來力才能感受的力量的輕重快慢，所以詠春拳是「剛柔並濟」的「學用合一」武術，講求科學原理和自然哲學。

「黐手」的目的是要利用手與手之間的接觸，瞬間感受到力量的回流，將「小念頭」的手法動作不斷接觸反應、再接觸再反應擴大出來。雖然僅僅是約十來種的手法，卻是如同原子分裂般的效應，不斷擴大反應出來。這就是詠春拳的使用概念：「貴精不貴多」，「能夠發揮出來的才是最好的功夫」。所以詠春拳重視實用和實戰，不重力與美。

經過交換「黐手」之後，就進入「尋橋」。「尋橋」在文字上應是尋找對方的橋手，應是無誤，因為詠春拳強調「黐手」，所以，就有「問手」（對方手在何處），想盡辦法找出對方的前鋒手。但也有一說為「沉橋」，應是要下沉的「沉」，因為詠春拳一向強調，「沉肘落膊」，是動作上的應為。但從葉問宗師或是更上一代，功夫多是口傳，也無落實文字，加上中國文字中，更是一字差千里，實無法一一落實。況且廣東白話更是發自心悟，本文不作文字考證。不過，廣東話「尋」和「沉」發音屬同音。「尋橋」，在於補充「小念頭」的不足，例如「綁手轉身」、「攔手轉身」、「綁手迫身」，與「小念頭」同出手門。這樣的設計是要使學習者綿延引進所學，在拳法的根基上，不斷的達到好還要更好的目標，使拳法在不斷的練習中精益求精。

詠春拳是一套活的思想拳法，使練拳者結合個人生理和現場情況，瞬間做出最好的反應。所以，早在「葉問」宗師時代，就告誡我們：「人是活的，功夫是死的，活人應練活死功夫」的至理名言。

「黐手」的變換可以舉例來說，當對方出右拳直攻，可以採取右手黏接對方的來手，並在粘連時，把粘連的右手轉為「抐手」，並立即出左手穿粘對方的左手，做到「有手黐手，無手問手」，達到「黐手」的目的。在粘連對方的左手時，轉為「抐手」，把原本右手的「抐手」移出，形成對方雙手重疊，立即把抽出的右手變為「橫掌」，攻擊對方的下巴。當然也可以使用直拳攻擊。

另舉一例來說，兩人對壘時，對方以右勾拳擊出，可以用左手「滾手」或是「穿手」，達到有手「黐手」粘連對方的來手，粘連後立即進行「抐打」動作直迫對方的中央，對方再出左勾拳，可以使出「滾手」，達到「來留去送」。對方若見不成再度轉身勾拳，應掌握對方收手轉身的瞬間，出腳側踢，也成為「甩手直衝」作粘對方前鋒手。當對方出手粘連時，可以使用左手拍手，並引對方出左手，予以粘連，達到「黐手」的目的，在達到「黐手」、「封手」時，移身迫步進入對方重心，使其不能站立，達到制敵於先。

3.「穿手」抐打

詠春拳的行走如同踏車，從變換當中行進，停下來就失敗，所以詠春拳會用「無手問手」、「來留去送」、「甩手直衝」等術語提醒學習者，對功夫的運用是連綿不斷的，在「粘連迫攻、決不放鬆」當中克敵於無形。

如何進行「穿手抐打」，首先是「無手問手」，當手接觸粘連之後，即行按手（㩒手），按手之後立即左右開弓，左右開弓之後，引黐對方雙手，利用黐連反應，即時採取「抐手」，在「抐手」同時出手穿擊對方喉嚨。並藉著「抐手」的順勢，穿右手直入對方頸部外側，再利用黐連有利攻擊的瞬間，順勢「扳」下對方的頭部，出左手拍下對方的肩頸部位，迫使對方失去戰鬥力，並即行瀉身出右拳，使用下勾拳（抽拳）直擊對方。各位可以清楚了解到「按手」、「穿手」、「抐頂」連續的動作。「抐頂」之後也可以頂踢後，退馬再來下勾拳。

二、木人樁法

木人樁是詠春拳中的一項比較突出的半機械化道具，設置的目的是協助詠春拳學習者有一個穩定其手法的設備，透過木人樁來練習基本動作，如：「綁手」、「耕手」、「滾手」、「攤手」、「耕打」、「圈手」等等。學習者透過木人樁的練習，容易體會到其動作的正確性，慢慢地也改正其飛踭（肘）、出膊、束橋、扭腰等不正確的動作。透過木人樁與雙手臂不斷的穿、轉、打、粘等動作，也會使學習者的雙臂增強功力。

樁的固定可以鎖定你的動作而使其正確，但你在思想上，要把樁想像成活人，目的是要訓練你變換動作而能化解敵人的威脅。樁的好處還在於扮演你「黐手」的對象，可以讓你練習很長的時間也不嫌累。

1. 樁法意義

除了上述的單式動作的鍛鍊之外，詠春拳木人樁本身就有一連串的整套木人樁動作，它是透過詠春拳的「小念頭」、「尋橋」、「標指」三套基本拳法動作混合而成，其中包括詠春拳的基本手法：「攤、綁、伏、耕、滾、圈、拍、抐、穿」之外，在步伐上，又結合了攝馬、瀉身、迫身等動作。

由於詠春拳的拳套中，僅有不同的兩種踢法，所以一些對詠春拳不深入瞭解的人士，就匆匆下定義的判定詠春拳只有手法沒有腳法。事實上，詠春拳的木人樁法動作，就結合了詠春拳手法、馬步移位，以及中、下門的腳法，成為一套極具科學的樁法動作，全部共分為七節，合一百多式，因為在詠春拳的木人樁法中，全部踢法都是中、下門的腳法，所以詠春拳又被稱為「詠春三只手」。

在七節一百多式的木人樁法中，全部是攻擊性的動作，因為詠春的拳理堅持「攻擊是最有效的防禦」，「有手黐手、無手問手」才能達到「黐手」的粘連目的而進行攻擊動作。所以每一節的木人樁法，幾乎都踢出不同的中、下門腳法，透過樁法練習，學習者會更瞭解怎麼運用攝馬、瀉身、上下交互運用，以及手腳並用，和走位側身，使其在詠春拳的「黐手」或爭鬥過程中更易發揮威力。

而學習者本身，除了運用這具半機械化的木人樁，來結合各種拳法和腳法動作之外，朦眼練習以及練空樁，這是必然的課程。木人樁是一具沒有生命的物體，而練拳者是具有生命的活者，在「活人應練活死功夫」的前提之下，練空樁是詠春學習者必經之道。事實上，要把一招一式的死功夫練活，也只有透過「黐手」和練空樁法去體驗，這樣才會達到「有招如無招」、「無招勝有招」的功效。

因為當你使用功夫時，確實沒有必須先等對手出招，然後才去接招、化招，這是電影動作，然這些見形破形、見招化招，是固定動作，也就是武林中常聽到的「棚上功夫」，這只適合在舞台上表演。但由於一些人虛榮心作祟，所以經常有人只去追求木人樁的招式，而不從基礎開始修練，也不詳盡去瞭解整個動作及其關聯性。就算能夠模仿了一些動作，也真的是「棚上功夫」，實不堪一擊。

透過木人樁的練習，學習者可以在舉一反三的情況之下，把詠春拳中的基本拳法，按照個人生理、習慣及「黐手」動作中的動作快感，掌握到「活人應練活死功夫」的原則，把思想與動作結合為一體，在透過空樁的熟悉及再「黐手」的體驗，才能達到「學用合一」、自然反射、自我發揮的運用自如的境地。若再能專心鑽研，必達化境。

2. 領悟動作

第一，「穿手」上樁。

第二，右手中央突破「穿手」，直入對方頸側，達到穿的目的；左手「穿手」即時轉變為「抐手」，身形微轉左方。

第三，右手回轉變為「綁手」；左手收手回身變為「護手」。

第四，右手「綁手」轉變為「攤手」，左手即時擊出「橫掌」；身位採用攝腳側身進打。

第五，雙手回手，身位轉變為正面「耕手」。

第六，連接「耕手」，轉變為進身「滾手」。

第七，攝馬上身「攤打」。

第八，雙手回手，身位轉為正面「耕手」。

第九，身位微轉，雙手順著身體移動轉變為「圈手」。

第十，順著「圈手」手法，把右手順勢抐下，變為正身「抐打」。

第十一，收樁手法，順勢熟悉可作手腳並用。

第十二，「拍手」直踢。

舉例木人樁法的運用－「穿手抐打」：

第一，與敵對壘時，擺出樁手手法，準備迎敵；

第二，「穿手」進身至作戰的位置；
第三，「穿手」直入敵方頸部；（用時非單一動作）
第四，順勢抐下對方頸部，並即時把另一隻手的「抐手」採用中央突破，直攻對方心臟。（這僅是樁法練習過程，穿手之後接下來不一定是抐頸，要在接觸反應中進行之。要記得我能敵人也能，故在動作運用中沒有一定，或是我想……只有接觸反應。）
另舉木人樁法的運用－「綁手攤打」：
第一，擺出樁手手法，準備迎敵；
第二，採用「綁手」迎接對方來勢；
第三，使用「綁手接手」的姿勢位置；
第四，即時移動身位，接著手的「綁手」變為「攤手」，另一手進行「橫掌」攻擊，成為「攤打」。（此一動作可以說是所有學者都認為可行，但不能作單一式、固定式的死動作，其中當然變化無窮，這在學者的心得，不能一廂情願。）

三、八斬刀法

詠春刀法的特徵是「身手合一」、「出手快狠」、「直取對方眉心」。中國流傳的功夫中，論門派歷史，詠春拳派應該是歷史最淺的一脈。但論及實戰運用與晚清近代歷史的機緣，詠春拳脈應該是最具革命的意涵。

詠春拳脈當中的雙刀，是詠春拳的獨有兵器，稱之為「詠春八斬刀」。其刀身長短沒有一定的規格尺寸，這要視用刀者的前手臂而訂定之。究其理由，是因為使用刀時利於發揮其活動範圍，尤其是在旋刀或是返手刀時，不致被自己的刀鋒所割傷。

1. 刀法特點

至於該刀法被定名為「八斬刀」或稱「詠春八斬刀」，究其原因，是創始人將整套刀法運用分為八個不同的攻擊動作。刀法之運用以兇狠見稱，因其刀鋒的長度約近一尺，不利於遠攻，只能近取，所以在兵器運用上，必然是短一寸，狠一分。

再以詠春拳本身的運用來說，當然也不例外，遇上不同類型的兵器如斬馬刀、樱槍、長矛、長戟，或是刀、劍、斧、棒、鎚、鞭等，更是大意不得。

兵器對壘，非死即傷，故在上上一代的執教當中，他們寧可不傳，也不亂傳，若兵器染血，實非執教者所樂見。但隨著時代的演變，國術中的兵器能夠在表演場所出現，不論套路或是兵器的對拆，已經變成為一門藝術，完全講究美感，落實力與美的表現。至於刀、槍、劍等，也有改編為新的民族的舞蹈，與扇子舞、傘子舞近似，成為一系列隨樂聲而動、忽高忽低、忽前忽後、忽急乎緩的表演動作，成為國術表演中所常見的民族舞蹈表演。

「詠春八斬刀」自葉問宗師傳下，沒有改變成為表演動作，究其原因之一為：人人本著傳統武術執教，以保存中華文化的傳統精髓以及刀法的原貌；其二為：詠春八斬刀法也僅有八種不同的攻斬動作，沒有翻滾地蹚，也沒有高空跳躍，當然也沒有象形的動作如：蜻蜓點水、毒蛇吐舌、美人照鏡，雁落平沙……，也沒有虎形、龍形、鶴形等出現，更沒有相互配合出招或是電影中出現的套招等。

儘管如此，這八種刀法都具有實用價值，其動作的變化則端賴於使用者個人的體悟和發揮。再者，詠春拳強調快、狠、準，強調「腰馬合一」、「手到刀到」，因此非短短一年半載可以練成。練拳者首要扎馬埋包（站樁打沙包），同樣的，練刀者需要先練就握刀以及出力。

手上雙刀如果沒有練就相當的握力，在與對方長兵器或是如斧、鎚等重兵器相碰撞時，就很容易被對方打落。至於出刀求快與狠，究是要掌握先機，所謂刀劍無情，如果不是長時間的苦練，打下扎實的基礎，手中的雙刀如同廢物。

2. 刀法運用

至於「八斬刀」的刀法變換，是近似詠春拳的延伸，所以在拳法中的「耕手」、「滾手」、「枘手」、「拂手」「攤手」、「攔手」……都是必練的動作，故在整套的刀法中，就有「耕斬」、「枘斬」、「攤斬」、「圈斬」，以及「拂刀」、「攔刀」、「夾刀」、「滾刀」等。

與拳套相似的一系列刀法，在運用時，同樣講求「貼身、朝形、迫近」、「身手合一」，出刀更是要快要狠，練成刀出人亡的致命一擊。出刀多取敵的眉心，橫腰部位以及下劏刀法。上代訓示：「能學刀者，必先浸淫拳法」。拳法必須經過長時間磨練，不但要做到爐火純青，更要忍別人不能忍之氣，以免盛氣凌人出刀傷人，這也是上代的一遺訓，流傳下來教導後學者的學刀精神。

這裡要特別提示出古文書一篇「留候論」，引出勇者非殺戮者，古云：「古之所謂豪傑之士者，必有過人之節。人情有所不能忍者，匹夫見辱，拔劍而起，挺身而鬥，此不足為勇也。天下之大勇者，卒然臨之而不驚，無故加之而不怒，此其所挾持者甚大，而其志甚遠也。」

詠春八種刀法運用如下：

第一，「夾刀」、「圈斬」；
第二，「標刀」、「抐斬」；
第三，「攤刀」、「攤斬」；
第四，「耕刀」、「抐斬」；
第五，「滾刀」、「撇斬」；
第六，「返刀」、「劏斬」：
第七，「拂刀」、「抐斬」：
第八，「岌刀」、「攔刀」。

眼看現今社會，兇惡之徒手持長刀利刃，沿途砍殺，或是持刀搶劫，劫後出刀傷人，兇殺之氣，令教者有所顧忌憂心。但是為了傳承中華傳統武技，實在沒有必要把詠春拳的刀法改編為民族舞蹈。但確實也有學拳者只為了求一招半式在人前炫耀，卻不願意苦心練習。但也有肯專心鑽研和發揚武德者，繼續為發揚傳統武德精神與傳統武學技術努力，對傳承上代訓示和潛心推廣中華武術的教者來說，仍會謹守師訓、自我耕耘的。

Chapter 5

詠春拳的基本功夫與身形掌法

詠春拳於後滿清年間首先傳開於廣東佛山，自李小龍以詠春拳在歐美兩地以實力展開，再以電影推廣之後，已為今日全世界喜愛中國功夫的人們所追求，其中更以歐美兩地為最。

一、入門拳套：「小念頭」

詠春拳不同於其他門派，它只有三套拳法，練來也與其他中國功夫各門派不同，其中的「小念頭」拳法，更是獨樹一格，但卻是學習者入門必修的拳套。「小念頭」在文字上的意義是：「從最基本的功夫思想開始」，也可以說是「從簡單的動作開始」，外國人把它叫做「Little Idea」。這個基本動作的開始，也就是扎馬（北方人稱站樁）。

在練習「小念頭」的過程中，學習者可以靜靜地把思想集中在站樁和基本手法的熟練度上，因為每個動作都是獨立的，所以每個動作都要做好且都要完成，完成之後要停一下，動作點點清楚。重複的動作是為了讓你放鬆並且去習慣一個動作，習慣成自然。而左右手交替可以使你生理上左右平衡且交互使用，使敵人防不勝防。這樣學習者被迫要在一個定點去完成所有的基本動作，把心思就集中動作的確實性上，不去思考如何打人，而是思考每個動作是否達到確實的防衛效果，保持一定的位置和距離，時間上不貪快、不求快，掌握不快不慢的瞬間反應。這裡不但要訓練學習者單一動作的結構穩定，而且也要將學習者心中的浮躁之氣消磨退去。

1. 腰馬一致、瞬間出擊

詠春的「馬」是獨特的「二字箝羊馬」，不是四平大馬、騎馬式或是登山式，而是雙腿內箝、腳尖呈內八字形的定位站樁法。講求「腰馬一致」以及心靜、神定，排除一切雜念。因為定才能靜，靜中才能得，也就是古書中的「定、靜、安、慮、得」，這樣才能專心自然地把動作和個人生理結成一體。

在拳法動作中，攤掌就叫「攤手」；由上往下抌打就叫「抌手」；出拳直衝的就叫做「直拳」，講求動作與生理結合，務必求心意合一，出手於無形，不做華而不實的動作，當然不可能在拳法中出現與動物同出一轍的動作，更沒有強調運氣或運功，或是動作移動配合呼吸法則。

在「小念頭」整套拳套動作中，雖然多達一百零八式，但是動作一再重複「攤手」、「伏手」、

「圈手」、「扰手」、「護手」、「耕手」，最重要的是一再強調腰馬、身形配合動作，一切按照生理結構配合動作伸展，活動自然。絕不講求表面的力與美，或是運氣以及呼吸配合，其理由是因為當敵方來襲時常常是無預警的，可以說突然而發，甚至當你處於黑暗的角落、樓梯間或是電梯內，此時此境，只有把平時所熟練的動作，瞬間自然反應，做到「敵動我如山嶽動」，這樣才能制敵於先。如果一味的追求招式，這樣永遠處於被動。

詠春拳的基本，在小念頭拳套中強調如何實而不華，身手合一、腰馬一致。更強調的是如何擁有身心的健康以及自我保護，而不去做一些美觀的形態動作。求精而不求多，能先立於不敗之地，才能發揮實力，卻敵制敵。

故從外表上實在無法看得到這套拳法的優點，而緩慢動作的延伸就是「小念頭」的特色。只觀看外表的人會誤以為此拳法如同太極拳。事實上，詠春拳不能作門外觀，要全心投入，更要有恆心與耐心，常言道：只要功夫深，鐵杵也能磨成針。

2.「小念頭」主要手法

- 「攤手」：掌心向上腕內托肘旋轉推出，接連或移動對方來手。（出手時必掌控中央）
- 「圈手」：接過對方來手後，以粘連圈繞的手法把對方來手順間移位。
- 「扰手」：由上向下的扰壓力量，也可因此產生接觸的爆炸力。
- 「護手」：產生保護的作用，但多以中路為主。

↘「伏手」：產生粘連與潛伏偵測對方動向的作用。（與攤手互用）
↘「拍手」：快速移去對方前鋒手，使敵頓時摸不清方向。（以後臂推前臂）
↘「滾手」：滾去或是接連對方的前鋒手。（多以上方為主）
↘「綁手」：粘連對方來手之際，瞬間接觸而瀉去對方力量。
↘「脫手」：瞬間解脫對方的按制，產生自由手的機會。
↘「蹬手」：瞬間發揮下垂力量，使敵頓失握力。
↘「抐手」：抐下對方來手，使其失去出手攻擊機會。
↘「攔手」：「蹬手」後接「抐手」，「抐手」停止時就是「攔手」。
↘「撐手」：如同船夫撐船，找到穩定施力的支點。（如使用橫掌）
↘「殺手」：多用在橫殺，使敵無法快速查覺飛來攻擊而防不勝防。
↘「割手」：發揮微動切割力量，有如空的一般。
↘「標手」：向前直擊，產生如蛇出洞的直標作用。
↘「抹手」：直臂配合手掌由上往下抹動，如抹黑板。
↘「拋手」：下垂的手直接向上方拋出，發揮彈拋的力量。
↘「耕手」：就如同農夫耕田似的左右移動鬆開土壤，化解對方直擊衝力。

二、詠春掌法，同抱牌匾

詠春的掌法在「小念頭」、「尋橋」、「標指」的三套拳當中，都有給學習者練習熟悉一些較為定形的掌法，如「小念頭」裡的「單手直掌」、「拍手橫掌」、「圈手橫掌」、「抌手底掌」。「尋橋」裡的「連環直掌」、「抐手雙掌」，「標指」裡的「抐手橫掌」。

這一類拳套中的掌擊動作，是帶給學習者能在練習時，使動作與個人生理達到自然吻合，再透過詠春拳練習必經之路的「黐手」訓練，就算是單純的一式直掌或是一式橫掌，都能與其他所學的手法結合運用，有如原子分裂、變換無窮。做動作時不必透過思想死記預設動作，也無需死記那些象形名詞。唯有腳踏實地、按部就班，達到練時強身、用時怯敵的效果。

1. 雙掌齊發、抱牌出擊

雙掌同時出擊，詠春門人稱之為「抱牌掌」，因其動作之走向，有如雙手抱住一個「牌匾」。試想想看：雙手抱住一個「牌匾」，不管是上下直抱，或是左右橫抱，或是對角斜抱，都是左右手互換走向，從這個比喻，詠春「抱牌掌」出擊就是雙掌齊發，形成動作，如「耕手抱牌」、「滾手抱牌」、「圈手直入抱牌」或是「雙手抐手抱牌」。

因此「抱牌掌」的出現，必然是接手後，順著動作的流向而行使，並配合敵我的位置和距離，也可以「抱牌掌」後再「抱牌掌」，使對手無法預知，故練就掌法非一日半月可得，因為自然反應必須要練到爐火純青，才能使掌法的行使，有如出海絞龍。

2. 掌法運用、推山塞海

達到雙掌齊發的「抱牌掌」威力，可以借助木人樁來練習，熟悉敵我戰鬥的位置距離，使擊出的掌法，更具壓制力量，只有動作、位置、距離三位一體，才可發揮互補長短以及增強攻擊力。

木人樁法練習左右單掌樁法：

第一，「抐手」直入中路上橫掌；

第二，「抐手」走手橫掌；

第三，「攤手」走位橫掌。

詠春拳的「抱牌掌」接連與變化如下：

第一，「耕手」直入「抱牌」；

第二，「滾手」直入「抱牌」；

第三，左右「圈手」直入「抱牌掌」。

粘黐手後的變換動作：

第一，對方出直拳攻擊，即行穿左右接連對方攻手；

第二，在粘連的即時，輕抐對方前鋒手，並及時穿出左手，引出對方用於護身的左手，形成「雙黐手」；

第三，在利於詠春學者「黐手」反應之下，即行把穿、抐的雙手，變成上下合併的「抱牌掌」法，直入中央身位，並即時以作戰有效的位置距離連掌，加強直破對方，使其失去重心。

另一種不同的接法與變換動作如下：

第一，對方出手使用「雙牛角拳」左右同時攻擊；

第二，即行入馬「雙攤手」或是「穿手」，進步貼身佔進，正中攻擊；

第三，佔進中路後可用「抱牌」，或「雙橫掌」，切記：一切一切都只是順勢；

第四，在借力抹下對方的雙手同時，瞬間變「抹手」為「抱牌掌」；

第五，在掌握對方雙手分開優勢的同時，以「抱牌掌」直線攻擊對方的中央部位，使出「迫步」動作，佔控有效的作戰距離，迫使對方中掌倒退。

單掌連續變換動作：

第一，對方以直拳中路進迫；

第二，即行穿出接手，粘接對方直拳的攻擊；

第三，並在粘接的同時，變「穿手」為「攤手」，再把用於護身的「護手」用於接連對方的連環攻擊，使對方形成雙手交叉狀；

第四，在「護手」用於接連對方的同時借勢「抐手」，並將「攤手」擊出「上橫掌」斜攻對方頭部，並繼續變攻手為「耕手」，使對方雙手往下重疊，即時掌控上路空間，使出「耕手直掌」，直攻對方臉部。

轉「雙耕手」為「抱牌掌」：

第一，「黐手」自然接觸；

第二，瞬間利用對方雙手前進的流量，左右手順勢移位，改為「交叉耕手」；

第三，馬上「迫步」，粘進對方，獲取有利的戰鬥距離，並即時鬆身，配合「腰馬一致」，打出「抱牌掌」；

第四，掌握有利位置繼續接連攻擊，獲取勝利。

迎敵接連動作與連環變換：

第一，擺出雙手迎敵，掌控安全距離標身上馬；

第二，接手後黐粘，以外門手法，粘連控按對方雙手，形成明顯的「外門控手」；

第三，感覺對方力量流向，迫身變為「底掌抱牌」；

第四，順勢借力「抐打」：在對方收回前鋒手作為護胸的同時，即行上方的「抱牌掌」為「抐手」，使對方雙手交叉重疊，即行轉底掌為正拳，直攻對方心臟，獲得連環攻擊。

以上種種只是順勢反應，具體仍需要看個人熟練的動作而行，故非固定式。

三、迫步進身，埋身攻擊

若要發揮本身功夫，能攻擊或擊倒對方，必須保持敵我兩者之間只有一臂的距離，或甚至更短才行。不論是長橋大馬或是短橋、地蹚，必定要接近對方的身體，才能克敵成功。故在接近對方身體才能發揮有效攻擊，也稱為「埋身擊」。

1. 一臂之長、腰馬一致

事實上，敵我有效作戰距離就是一臂之長。細看木人樁的樁手設定，應可知其一二。故詠春拳必須經過「黐手」的訓練，體會敵我的有效距離。

應用動作脫離不了「子午位」的「朝形」，掌握有效的「迫步」和「靠身」，換句話說，就在與敵接觸的一瞬間，以黐粘配合「埋身攻擊」，「黐手迫步靠身」會即刻破解對方的中心力量（稱之為「破勢」），一霎間使對方無所適從，使自己掌握有效的攻勢。

詠春拳強調「腰馬一致」，「迫步靠身」近似於「推山塞海」，動作之發生，令對方無法掌握預感。詠春拳不是強調單練套路，而是強調透過「黐手」，把學得的動作不斷透過接觸反應，進而靈活運用，以期身手合一，發揮拳技。如何「瀉力」瀉去敵人的攻擊力，如何掌握第一時間「迫步靠身」，發揮有效的「埋身攻擊」。

2. 第一時間、掌握出招

事實上，兩者對壘時，只要敵我雙方有機會黐連，就有機會發揮「迫步靠身」的功能。此賴於平日的熟悉練習，練成「腰馬一致」和「借力瀉力」。透過接觸動作的第一時間，不是透過思想準備再做動作，要練活功夫必須放棄死招式。

動作示範解說之一如下：

第一，對方直拳進迫；

第二，以詠春「綁手」接連來手；

第三，變「綁手」為迫手（尋橋第二段綁手），以掌控對方的直拳攻擊；

第四，「迫步穿手抐頸」，「靠身提膝」直攻對方心臟。

動作示範解說之二如下：

第一，對方出右拳進迫；

第二，則我以右「攤手」接連來手，並提左手於胸前防衛；

第三，對方提左手進攻時，接手後以「插手」直攻對方下部位；

第四，在「插手」攻擊對方瞬間迫使對方反應過度；

第五，掌握對方反應過度瞬間，即行便換動作攻擊瀉身側踢或是橫殺。

動作示範解說之三如下：

第一，問手接近對手，掌握有利作戰位置；

第二，按手（摖手）後，我則順勢「借力迫步」，接進對方；

第三，在「迫步」的即時，順勢發出熟練的動作；

第四，黐手後可瀉身或抐手，出腳直蹬，使對方失去重心。

切記：動作只是誘發學習者的思想，並非是單一固定不變的動作。任何動作都是順勢的行為，需要看學習者個人的熟練程度以及當下瞬間的反應來應變各種突發的情況。

中篇

葉問詠春拳的拳法結構
詠春拳法的運用和基本樁法
盧文錦詠春拳的教學精華語錄

Chapter 6 葉問詠春拳的拳法結構

詠春拳自李小龍成名後成為世界最風行的中國功夫。詠春拳是從何時傳起的，各說紛紛，實難從歷史中考究出來，故有一說是詠春拳傳自五枚師太，又說是傳自嚴詠春，但歷史上是否有這號人物呢？在章回小說中有說五枚師太創白鶴拳，那又何來再創詠春拳去打白鶴呢？再者，五枚師太為何省籍人士，為何全懂佛山話？

在佛山有一位已過世的詠春拳師傅彭南（人稱黑面南，此人比葉問晚兩輩，故稱我為師叔），他說：「詠春拳創自『花名』為『攤手五』的一名武者，由他傳入戲班（俗稱『紅船』）」，此說較為可考。但也有一傳說方世玉的姐姐叫方詠春，與洪熙官結婚及創詠春拳（這是極端錯誤的）。

首先考證，現在台灣的永春白鶴拳（李小龍成名後改為詠春拳或福建永春拳），此與葉問詠春拳大大不同。至於在歷史上無法找出人物，現在我們也只是能說詠春拳傳自佛山中醫師梁贊（人稱贊先生），梁贊的詠春拳則學自廣東戲班，再傳陳華順（人稱找錢華），再傳封門弟子葉問。

至於戲班中傳開的詠春拳，有傳自班中大花臉（人稱花面錦），在香港、中國大陸都有戲班詠春一脈。至於阮奇山，似是越南人士，本人曾與阮氏弟弟的徒弟作過一次「黐手」交流，其詠春拳術也是來自於廣東「紅船」。

確實是，如果各位需考究你們的家族，從曾祖父以上或是曾叔伯祖父等，仍應是難得全面考證，所以葉問詠春拳一脈，考自梁贊是比較完整清楚的。這部分在本書關於詠春拳的歷史源流的第一章節，筆者已有所陳述，結合「人」、「事」、「時」、「地」、「物」去引證比較可靠，章回小說雖說在民間較容易流傳，但多屬於以訛傳訛，迎合民間社會大眾的娛樂心態，小說引為歷史根據實屬為不妥。

一、詠春拳結構探討與應用

詠春拳從其動作的結構及定位移向等，可以從科學結合教學中去探討。

詠春拳的動作結構都依據物理學、數學所連成，拳套中的動作都能以力學、數學、生理學去引證，而非動物的形態「虎形」、「鶴形」、「蛇形」……等等。是故詠春拳沒有動物動作的代名詞，如「猛虎下山」、「猛虎伸腰」、「毒蛇吐訊」、「白鶴亮翅」、「猴子偷桃」……或是「羅漢卸袈裟」、「童子拜觀音」等等象形術語。詠春拳講究的就是「瀉力」、「借力」，就是「來力瀉力」、「借力出擊」。

1. 感覺力量，反應所學

接觸時就強調「黐手」，就是「有手黐手」、「無手問手」，使按粘時達到自然反射，特別強調「來留去送、甩手直衝」。所以沒有見招拆招、見形破形的電影動作。事實上，你無法瞭解別的門派的動作，因為中國功夫門派有數不清的數字，所以應敵時只能從接觸感覺中去反應動作。利用所學得的動作透過生理的配合，發揮做到「有手黐手、無手問手」。

因為在「黐手」的過程中，可以發揮感覺（Feeling），找到力量的流向。這個感覺每個人都不一樣，也無法預估和從筆墨中去勾劃出來。故此詠春拳的動作變幻，沒有一定的程式，「如何來、如何做」，它只能把動作配合生理反應出來，掌握著數學、物理學的原理，做出各種不同的動作變換，而不是以力量去行使，所以沒有一招破一式或是一形剋一形。

詠春拳套中的動作是練習者順勢移動，不是一般功夫中講的這一招接那一招的套招形態，所以詠春拳強調在用拳中感受自然反射的力量回流，「借力出擊」、「來力瀉力」，從感覺反應出動作。是故沒有固定的形式，而是把平日苦練得來的拳套中動作，不斷地了解與結合。不可能有見招破招、見形破形的模式，因為你不知道敵人是何形何招，只有理解詠春拳是用感覺（Feeling）去發揮所學。故此無需準備、如果、假設、或許或是我想……（No ready, if, suppose, perhaps, or I want...），因為你面對的是敵人的威脅與立即的生命危險，你必須當下立刻做出反應。事實上，就沒有襲擊你的敵人，向你先行告知，這正如同第二次世界大戰初期日本偷襲珍珠港一般。

2. 詠春黐手，發揮所學

詠春的「黐手」，就是把所學練好的拳套，透過一系列的「黐手接觸反應」，進入成熟的發揮，做到自然反射。

這裡會有人有疑問說，詠春拳的「黐手」很好，但我不與你「黐手」，你就無法發揮？此話聽起來似真實非，因為詠春拳強調「有手『黐手』」、「無手『問手』」、「來留去送」、「甩手直衝」。練習詠春拳是為了遇到危機時能夠立即反應使自己安全，而不是去打人，因此也沒有我不與你「黐手」就讓你無法發揮的問題。因為有出手就有「黐手」。

許多人都強調如何攻擊對方，如何運用直拳進擊對方，不必去做太多的「黐手」動作？既然目標是不顧一切打倒敵人，那又何必學詠春拳呢，只要去買一把刀或是半片剪刀不就可以置對方於死地了嗎？所以，學拳不是要攻擊對方。詠春拳的「黐手」是把個人的生理活動達到與動作的結合成為一體，能夠在遇到突發的情況發生時，就能從感覺中反應出動作來，使自己立刻克敵於勝而脫離險境。

注意：「『黐手』不是打架，也不是練習如何去攻擊對方，實在是把你所學的動作透過接觸反應去消化（把動作分解結合、再分解再結合，如同原子分裂，無窮無盡，發揮到最大的效果）。」

練習詠春拳的過程也如同農夫在耕地上施肥，不能操之過急，否則會傷害到農作物。故詠春拳練習一再強調如何發揮所學（透過不同習慣與反應），要自然反應動作：「留力不留手」（要做到整體動作正確自然）、「留手不留力」（應做所要做、但不搶打而是發揮所學）。

所以，「黐手」就如同軍隊中的戰鬥教練，進入軍事演習和實兵演練，面對敵方如何快速反應而出奇致勝。「黐手」是以感覺反應出動作，時間、位置、距離、反應的整體協調結果，而不是埋頭橫衝直撞（不是匹夫見怒拔刀的猛撞），也不是由先目視再引渡思想去指揮動作。

當然，「黐手」動作是發揮出手時所練就的拳套動作，推廣到如大兵團作戰的思想。簡單來說，詠春拳的「黐手」，除了運用你熟練的拳套動作之外，更結合了兵學、戰爭學、物理學、數學……，是活動作，不是教條化的死動作，需做到「敵動我如山嶽動」的破敵應先於敵動之前。

所以，「黐手」就是訓練接觸瞬間的即時反應，不必去計較或是去研究格式，但一定要動作接連動作，就如同駕在自行車上，不去強求力量的使用，務求力量穩定而在自然反射的連續動作中行進。（也如同靜靜的湖水面上丟入一顆小石子產生了漣漪）

「黐手」不取於目視，盡量去感覺力量與發揮所學，因為要在運動中發揮本身所學，就有如在敵陣中殺出，所以不能依賴目視，因為眼看再去指揮大腦，就會出現不自然的反應，就是慢半拍。

詠春拳沒有動物形態，在運用上不強調以形克形或見招拆招，而是即時反應一切所學的自然反射動作。而戰術上就是做到欺敵而取得有利攻勢：

似真不是真；
似假原是真；
似真原是真；
似假接連真。

透過感覺的變化，獲得由動作的主導，這樣會成為我能，敵人只能跟進。引用物理的反應來說，在「黐手」的粘著中產生的鬆緊反應，就是使關節瞬間的壓力，如同壓簧到一定程度壓制，就會產生反彈，簡單的講就是借力，使對方動作迅時失去平衡。就是「似真實假」、「似假實真」，使對方無法觸摸而失去主動，這如同戰爭一樣，誰能掌握戰爭的主動，誰就能得到勝利。

二、拳套與「黐手」的關係

拳套是詠春拳中的應對動作的學習和認識，但必須要透過「黐手」去熟練和個人的適應，並且要不斷去練習，達到成為個人生理反應的自然反射動作，這就是學習詠春拳的正確方向。

1. 正確方向與學拳心態

但是有一些人為了個人愛好自我滿足，甚至只重視表面功夫，能夠在人們面前說出學了多少拳套，這只是虛榮心的作祟，好在人前炫耀，甚至有一些人願意出錢卻只願意學木人樁動作。所以就有人為了經濟掛帥，就訂出拳套及練樁的不同價碼，一切向錢看。舉個例子來說吧，穿上歐洲名牌服飾的女性不一定是美女，做扒手的一定身上穿得光鮮。這是社會的供需關係，因為有些人喜歡，故此有些人學上兩三套拳，或是自學取自錄影帶後，就去開班授課，有人願意被騙，才會有人去騙人，卻不知道拳套只是給予學習者一系列動作訓練的過程，「黐手」也是把熟練的正確拳套動作，透過接觸反應，進而達到自然反射。

正如同軍警的戰鬥訓練一樣，會打靶的只是基本應有，提著槍透過各種訓練，如何從高處往下躍，射擊目標，跑步中射擊目標，滾翻後即進入作戰位置射擊，如何發揮運動與射擊，動把射擊、選項射擊……等等。這都是發揮用的方面。

這裡特別提出葉問與李小龍的一些真實過去。當李小龍成名發達後，回到香港請葉問宗師傳授木人樁法，希望由葉問打出一〇八式木人樁法，由李小龍以八厘米拍攝下來，好帶回美國看畫面練習，當時李小龍提出優厚的條件，如果葉問宗師答應接受，他就送葉問宗師一間房屋（大套房），他的請求被葉問宗師拒絕了，對於仍無棲身之處的葉師來說，這條件真是大大的收穫，但葉師卻認為學好詠春拳絕不是求取於表面功夫，應需要扎實與專心學習，而不是誇大不實，成為一種「有招式不扎實的功夫」，遂予以拒絕。所以，不論練就多少拳套，能夠透過「黐手」自然反應與發揮所學，才是學到活功夫，正如人們常說：「無規矩，不能成方圓」。

2. 基本拳套與思想過程

詠春拳「小念頭」是詠春最基本的拳套，它的「二字箝羊馬」除了練拳者體會到抓力之外，更能帶給學習者一個強力的心臟，與減去身體內的多餘的脂肪，並且促進新陳代謝。動作上要求「埋踭」（使用時不至於有飛踭出現），以及練習時做到全神貫注集中，達到「定、靜、安、慮、得」。「尋橋」是要求如何去接觸對方的橋手，做到「來力瀉力」，拳套中又更多的綁手動作，以及移動身位、蹬腳、踏步的動作。「標指」是如何發揮最尖端的動作，以及如何把敵人定形的手移位，達到利我的目的。

這裡在特別提出一二學拳者容易流失的動作，詠春拳特別強調「埋肘」。在物理上正如同兩個物體的黏著力，這就如同是太師椅左右兩側的扶手，是不能鬆脫的。至於「小念頭」當中的「圈手」、「扰手」之間也不能為了運行方便而連在一起，因為兩個手法都有其作用。「圈手」是圈去粘連對方的內門手，「扰手」是要扰下對方黐粘的手。練拳時須做到點點清的交代清楚，因為進入「單黐手」時，「扰手」要做到扰按對方的「攤手直掌」，這是進入實戰的初步訓練，不是相互配合的遊戲。再說，如果不是一式一式清清楚楚的練習，那「圈手」、「扰手」就無法顯現其動作之可用性，更無法算出「小念頭」拳套應有一〇八式的設計動作。

「小念頭」的第二段動作，在「蹬手」、「撐手」之後，幾乎是提手攔手，各位是否有進一步去想一想，這個「攔手」的作用為何？這裡提供的是「撐手」後提手上前方左右「抐手」（靜止之後，則成「攔手」），接下來是左右「殺手」，之後又是進入提手道上前方做左右「抐手」，靜止之後就是「攔手」，這樣動作的設計就是要發揮「打手即消手」，就是「以消滅代替防禦」，正如葉問宗師生前常常提示弟子的一句格言：「打手即消手」。確實是「攻擊是最好的防衛」，因為動作的發揮是為了改變自己被動的情況，使敵人疲於解決你所做出的攻擊性的防衛動作。攻擊的目的也是防衛，防衛的同時其實也具有攻擊的作用，詠春拳是很靈活的運用動作與變換角色，你的思想不能陷入打人的框框中，打到那一下又如何，你要不斷的掌握攻擊與防衛同時存在與互換的優勢，那敵人打不到你才是你練就的功夫。

「木人樁」是把三套拳法契合出一〇八個動作，利用木樁加以熟練，木樁的設定，除了熟練樁法之外，更能糾正學習者的動作，增加學習者的自我發揮的思想，達到「活人練活死功夫」的目的。一步一步的使動作與思想並進，也就是除了熟練所學的動作之外，利用這台假想敵的木樁來開發學習者的思想與動作。

事實上，所有功夫的動作都是在思想中瞬間的發揮出來，因為沒有人預知敵人採取何種的突然攻擊或是把你毀滅，所以就有如練拳套中一招一招接下去。回想美國的「九一一」恐怖攻擊事件，就是你有更好的思想動作，卻也來不及敵人的突然攻擊。所以「木人樁」除了動作之外，就是要不斷激發你的思想。木樁不是單純用來表演一下，而是你的假想敵。練樁者應盡量發揮到：「有樁於無樁，無樁似有樁」，在情況發生時，敵人的雙手就如同木樁手，使你能瞬時發揮所學。

當然每次的收穫都需要不斷的演練，但不要自命不凡，要知道沒有白日夢加無科學根據的個人自大誇好，因為一條山路的形成，是透過多少人的腳步踏過，所以學者要抱著謙虛的態度，以「定、靜、安、慮、得」來練拳。「定」是集中精神意念；「靜」能自然的接受；「安」是不受外界的影響；「慮」是從學得中拓展發揮；「得」是經過無數考驗的結果。

你如果覺得「定、靜、安、慮、得」很難一一掌握的話，這裡給你一個簡單的方法，就是當你投入詠春拳學習行列，你就不必去想其他的（切不可以認為自己聰明），把所學得的動作達到自然反射，所有的動作都是順勢而行，不要自想我能敵不能，世界上沒有全勝的功夫，那就是把你所學得的拳套動作，在對敵時能夠即時發揮出來，才有「立於不敗之地」。再深一層的境界，你不必去想如何打倒對方，但是一定要做到不被對方擊倒，這就是「立於不敗之地」。攻擊你的人不是善男信女，不可能任你為所欲為。

我這裡請問你？如果對方對你如何如何了，你任他為所欲為嗎？當你面對敵人時，你會突然手腳麻木嗎？會瞬間中了敵人的巫術嗎？當然是「不」。那向你說：「敵人攻擊你時，你應該如何如何打倒他」這個人才是笨者，因為如何如何是你自己的想法，不代表什麼，就如同你看見一個美女，你想如何如何去追她愛上她，但對方是如何呢？你是無法得到答案。記住：所有的失敗者，都是高估自己，低估敵人。所以，真正聰明的人不是給別人忠告，而是能夠聽取別人忠告的人。

3.「尋橋」與「標指」

詠春拳的第二套拳是「尋橋」，在功夫裡「橋」就是橋手的簡稱，因為詠春強調「黐手」，常謂「有手黐手、無手問手」。「尋橋」在字義上就是尋找對方的橋手，就是達到如何去接觸對方的橋手（前鋒手），是因接觸後才會發揮詠春的長處：「粘連迫攻、絕不放鬆」。故此在「尋橋」動作中，每一段落都出現了「綁手」。

「綁手」的意思就是把對方的來手綁著，這就形成了詠春拳中「來留去送、甩手直衝」，所以「綁」是有綑綁、粘著的效果，才有動作的意涵。故把「綁手」寫成「膀手」是錯誤的，因為「膀」在中國文字學裡有手臂的意思，我們常常聽到人說：「他的膀子很扎實」，在中國北方都是這麼說「膀子」，也就是手臂，這裡的「膀」是名詞，詠春拳不是一個膀子停在那裡的一個招式，這樣就是死的動作，而詠春是活的動作，詠春拳的動作特性是接觸粘連，所以，「綁手」是有生命力的動作。

因為「綁手」是要粘連對方來手，才能「來力瀉力」，結合「來留去送」的科學理論，所以，「尋橋」拳套中就出現了三種不同的「綁手」角度。再加上「蹬踼」（蹬腳）「擺踼」，以及迫步，使學拳者在「尋橋」中慢慢領悟到「手腳並用」、「瀉力」與「借力」，更進一步強調如何發揮「迫步」。正如詠春拳先輩留下來的格言：「點點朝午，步步追形」。

至於「尋橋」還有一特點就是「轉身」（方向變化），而不是「轉馬」，「轉馬」是口頭語，「轉馬」是：改變馬步、鬆動馬步，在物理學中不鬆就不能滑動，也就失去「小念頭」中的「二字箝羊馬」的箝力，因為詠春拳強調是要「腰馬一致」的。「轉身」是讓你改變扭腰、飛肘等錯誤的習慣，讓你不用去鬥力，如果放鬆不能完成動作，僵硬更做不出動作，因此，每個動作在練習時都要熟練、都要清楚、都要確實完成，一個動作完成之後再接下去另一個動作，才能使你在放鬆中將動作變化莫測，而藉由「轉身」給你不用鬥力的離心力量，使對方失去中央位置並且露出空隙，所以，「轉身」的移動帶給你是更多的機會與空間可以靈活發揮手部的動作。

「尋橋」在文字上應是尋找對方的橋手，應是無誤，因為詠春拳強調「黐手」，所以，就有「問手」（對方手在何處），想盡辦法找出對方的前鋒手。但也有一說為「沉橋」，應是要下沉的「沉」，因為詠春拳一向強調，「沉肘落膊」，是動作上的應為。但從葉問宗師或是更上一代，功夫多是口傳，也無落實文字，加上中國文字中，更是一字差千里，實無法一一落實，這裡不做文字推論。況且廣東白話更是發自心悟，本文不作文字考證。不過，廣東話「尋」和「沉」發音屬同音。「尋橋」，在於補充「小念頭」的不足，例如「綁手轉身」、「攔手轉身」、「綁手迫身」，與「小念頭」同出手門。

第三套拳是「標指」。很多人不明白「標指」的原理時，就會說標指是用手指去攻擊，或是說是用手指插入對方體內，這是電影的誤導，試想想看詠春有這種特性嗎？實不可能有氣功或是內功，更不可能手指直插對方體內或是彈指神功。「標指」的特點整體來說是要以腰馬力結合動作的發揮，至於「烶肘」或是切腕，不是我想利用它來強勢攻擊對方，而是在戰術上，首先要掌握利我的戰鬥位置以及戰鬥距離，而不是一出手就用「烶肘」來攻擊對方。在拳套中見「拂手」後的「扰手」、「割手」，就是要結合腰馬力。所以，練功除了深入了解之外，就是要磨練，達到自然發揮，而不是我想我要的自大狂，練功如磨刀，功越練越深，刀越磨越利。

事實上，「小念頭」、「尋橋」、「標指」這三套拳是給予學拳者一套漸進的方法，一步一步將動作發揮自然，進入運用自如的自然狀態，而不是我想如何就如何的自大心態。練功者需要腳踏實地，屏除一步登天的貪念，才能從漸進當中體悟每個動作的作用，再憑藉著「黐手」的練習，最後才會進入來去自如且隨心所欲而不逾矩的境地。

三、「知彼知己、百戰不殆」

詠春拳的教者，不能如同沒有教學經驗的學校老師，祇要你把課本讀熟就好，這是不夠的。這又如同一個戰場指揮官，僅是做好領導統御是不夠的，不但要知己也要知彼，作戰時（「黐手」或指揮運用動作）更要有多本進入狀況的教材。因為往往失敗是自己的錯誤，所以，我們要多去了解前人走過的路，再配合本身的經驗，因為戰場上的勝利者不只是單一武器的精良。學詠春拳不會去「黐手」也如同廢物。

1. 反應所學，克敵於先

所以，有經驗的教者不是叫你去打架，或是如何化招，應該教導你如何變化如何騙敵，就如同是在戰場上如何指揮三、五個散兵去攻下敵人的坦克一樣，學者本身也應有遠見，不要如同中邪一樣，完全放棄自己。每個動作的接觸與轉變，都可以用物理學、數學、兵學、戰術去引證，因為同樣的單一動作，在詠春拳裡，就要發揮你瞬間的接觸感覺反應出動作（而不是敵人如何我就如何），因為力量的反應是與使用動作結合。所有的戰爭是無法採用單一定論，因為往往就是「似假原是真，似真接連真」。故此，瞬時的接觸反應才是良藥。

當人們閱讀本書內容時，會有感覺到內容有些重覆，因為往往引用一些動作和反應這是必然的，正如聖賢孔子所云：「學而時習之，不亦樂乎？」。事實上，僅參與一次戰役的將軍或是士兵，都不可能是沙場老手，孔子也曾指示學生說：「溫故而知新，可以為師矣」，「溫故」就是不斷地練習。

所以任何動作都是急不得，需按部就班，如同你在進行駕馭腳踏車，或如同跳繩運動，一步按一步，不必貪，所以有內涵的教者就會告訴你：「貪打終被打」因為貪就會產生急躁，這樣就會出現不正確的動作，事實上，我們是學詠春，而不是去學打人。

重要的是要求學習者把所學的動作，結合成個人生理的一部分，務求一切動作達到自然反射，「敵動我如山嶽動」。有自認為聰明者，常常自我表現「我知道」、「我看過」、「我能夠」，但是，「你會在敵人無預感來襲時做出自然反射嗎？」，這不能怪罪於執教者，是學習者自認為聰明的結果。

確實是詠春功夫一脈，不是你學了多少，而是你能在突然感到攻擊時能發揮多少，（發揮不是一招對一招，而是如「流水行雲」），就是原子分裂一變二、二變四、四變十六……，也如電波一樣，但自認為聰明者，或是貪求盡早教拳者，是自掘墳墓，不但是誤己，也是誤人子弟。

所以，我們在學習詠春拳時，就不能依靠目視而再行使動作，因為除動作上被動及慢半拍之外，沒有目視就沒有動作，形同詠春拳中的「追手」，所以，在「黐手」練習中，就要慢慢學得接觸反應，「有手『黐手』，無手『問手』」，做到「甩手直衝」，從接觸感覺中反應出所學，故教者經常會提醒你「活人練活死功夫」（Feeling）。

確實是，如果事事都要都要先目視再透過思想發揮動作，就算練成功夫也失去克敵於先甚至跟著敵人走，因為你是沒有目視就沒有動作。這又如同你與外國人講話需要先想好中文再轉成英文去回答一樣（這不代表你會說英文，只能說翻譯還不錯吧！）。從感覺（Feeling）自然反射，因為來者來自突然，沒有時間與機會會讓你去思考，只有你即時反射所學動作，這能達到「克敵於先」。這裡我引用野外求生，在森山野外，你有機會目視後再做反應動作嗎？不！因為「失去先機」，所以就要你個人即時（Feeling）做出應對。

沒有力量，只有動作；
沒有我想，只有熟練；
沒有捷徑；只有勤練；
不是知道；是要做到；

不是擺樣；是要實用；
靜時要想，動時要做；
熟能生巧；練多技精。

2. 強則避之，亂則攻之

「黐手」是熟練已學過的動作，不是如何攻擊，「不貪打、不偷打、不搶打」，動作做到一個接一個，如同駕在腳踏車上，動作發揮就沒有「我想」、「如果」、「假如」或是「設定」。所以，所有動作僅依靠接觸反應，不能以思想或是力量行使動作。如同盲人手上的竹竿。

「尋橋」最後一腳，人們大多不明瞭，而且教者也隨意說出自己的認為，無法在動與用舉出個答案。詠春每個動作都有依據（物理與數學）或如何接觸產生，所以這一踢（一腳）應是「擺踢」而不是側踢，因為側踢只純攻擊踢出，「擺踢」則是擺動與踢出，而且更會產生攝八的動作，能產生拉大的攻擊力，只要是掌握位距，在時間（Timing）上就有收到效果，更不限於何時踢左腳、何時踢右腳，一切在感覺中發揮。

力量反應，有如同刑警抓扒手一般，對方不出現偷的動作（這是正常人、不是扒手），當對方扒偷的即時，你才能去提拿他。功夫的運作，從「黐手」力量反應出動作，而不是用力去行使動作。（分散力量，移開主力避免貫穿與截破，就是遇到被攻擊時分散直接衝力）「滾手」有如移運對方主力。「滾手迫身」（同手同腳），也可以配合柔道大外割。

「黐手」很多人誤認為對方不可能同你「黐手」，所以就有提出「黐手」無用論，此人一定是不學會詠春拳的騙子。「黐手」就是反應平時所學，絕不是打架，或是破招式的電影動作。事實上，任何危險出現在你身上或身前，就是接觸的即時，我等、我看、我破、我拆招、我破招，這都是痴人說夢話。事實上，身前出現危險就是「黐手」的開始，難道你不出手保護自己嗎？這就是接觸。

細想兩人對壘時是沒有接觸的嗎？有了接觸就沒有反應嗎？有了接觸先行思想再透視思想再反應嗎？那發揮的時間又如何呢？跟著敵人跑或是掣敵於先？「黐手」就是接觸反應，這是一體的，再加上時間的配合（Timing），可以說是知而後行與行而後知合併成一體。若每事都要先看再想就是處於劣勢，無法發揮掣敵於先及制敵於無形。但可以確定你所發揮的動作是無一定的形態，只能發揮所學，制敵於先或是制敵於無形。那「黐手」是包含平時所學全部？是的，我們不是見招拆招、見形破形，你會的都可以用出來，但不能搶攻，需順勢而行之。

許多人都以自己意思與個人思想為依據，許多如果和為什麼，就算你點醒他，他也會瞎說我又會變別樣，這就是中國人永遠存在的大缺點，「自以為是」不服別人，也就是人們常講的半桶水。試想誰會先行告訴你我用何種動作來襲擊你，當然無，那你又何來答案呢？就算有，你有沒有想過「似真非真」、「似假非假」、「似假原是真」、「似真也是真」，身上穿的與手上拿的都是名牌，不完全是有錢人，也可能借名牌來做小偷行騙，這樣會帶給自命聰明者誤認。在台北就發生過身穿名牌手提名牌、但確是專偷名牌的小偷。

很多人不了解詠春拳卻是自大的大言不慚，說詠春不必「黐手」或是「黐手」是多餘，此人若非外行就一定是功夫騙子。中國古語云：「差之毫釐，失之千里」，在戰略上都稱之為攔截，但整個動作是出自於反應。詠春拳講究的是反應，沒有特定何種招式破何種招式，可以說是一式多用，正如你肚子餓時，口袋裡有一百元，就不限於要吃何種食物，中式、西式、廣東式、北平式都可以，最重要的是吃飽。大家有沒有注意到一個問題，當人們走在路上，被車撞倒的有幾個是盲人，又有幾個是跛子，因為他們特別注意且他們的感覺性特別靈敏。所以詠春拳有給予弟子們矇眼「黐手」，使能學習從感覺中產生反應。事實上任何危險加附你，最先的是感覺。

任何動作的運用就是要連續性，不是單一的。所以詠春拳就沒有特定這個動作是用來對付對方的，這等於是給自己設限，動作是不斷發揮，使對方把時間應付對你的來侵。正如同追女孩子（如果你送對方一張首輪電影票就可能把一個追他的男人甩開兩三個小時），那接下來呢？又如同詠春拳的借力，如《孫子兵法》所云：「近而示之遠，遠而示之近，強則避之，亂則攻之。」

沒有固定的對敵目標，
只有從感覺發揮；
沒有一定招式破敵，
只有即時反射所學；
沒有用錢可以買的功夫，
只有良師指導加自身勤練；
沒有祕笈與祕傳，
只有笨蛋才相信；

沒有速成的功夫，
只有良師指導加個人吸收；
沒有看書、看電視可以學成詠春，
只有良師指導加上個人勤練；
沒有何招破何式，
只有活人練活死功夫。

Chapter 7 詠春拳法的運用和基本樁法

事實上，詠春拳著重在用，強調拳由心生，不必模仿動物形態或是跟著別人的招式起舞。練拳時不必追求各種形態或是刻意運力配合呼吸，但卻要心靜神定，全心投入，全神貫注，心意合一，正如聖賢書中講的「定」、「靜」、「安」、「慮」、「得」的修身處世之道。也只有這樣，才能做到全套的動作，點點清楚，絕不能拖泥帶水。

用拳方面，也要記住前輩們的格言：「活人練活死功夫」，動作的變幻，不能墨守成規，更不能隨著對方的招式走向，要做到：「有手消手，無手問手」、「來手黐手，甩手直衝」。

用拳如用兵，一旦與敵人對壘時，除了發揮平日所學之外，更要掌握敵我之間的作戰距離，以及作戰位置。當雙方橋手接觸時，不必急著搶攻，當然不可能出現見招化招、見形化形的電影動作，見招化招等於是被動，如同追手，不能自我發揮出來，搶攻也只是急著做自己以為是的動作。急著打倒對方會忽略自己應有的動作，霎時過後可能會失敗。故除了掌握與敵人之間的作戰距離和位置之外，也要掌握時間，使動作的運作發揮如行雲流水般的自然，順勢的變化，不必靠思想與目視指揮動作，應該配合用拳時間點自然反射所學，這樣才不會被死招式所束綁死，達到剛柔並用，使反射出來力瀉力、借力還擊。

一、基本樁法的練習與拂手

詠春動作的變幻在於運用一連串的遠消近攻而使敵人無法掌握而招致失敗。為了使學習者能夠達到整體功夫的心意合一、出手自然敏捷，詠春拳的創始者制定了木人樁學習動作與「黐手」練習方法，使學習者可以領悟橋手運用，透過不斷練習而熟能生巧，才能使出手於無形，才是上乘的功夫。

1. 木人樁法

詠春木人樁是利用木人中的樁手及樁腳的固定部位，使學習者在埋樁練習時，固定及糾正其不良的習慣，如：「飛踭」、「束橋」、「出膊」、「扭腰」等不正確的動作。練習木人樁需要結合樁法的連環動作，按部就班、一步一步去練習，務求達到手腳並用，腰馬一致，進而靈活自然。

為了激發每位練習者的思想和潛能，練習埋樁完之後，一定要再練習空樁動作，這是練習木人樁法的必經之路。此外學習者應再去深入體會，達到有如佛學中最高的「悟禪」境界。

在埋樁練習時，為了要達到自然發揮，所以不能把一些死動作套在木人樁上反覆自娛，更不能有看圖片學功夫的錯誤觀念。學習者切記，人是有思想和生命的，而不是一具拷貝機器。因此在理念上，你面對的木人樁應該將其視為一名武林高手，唯有這樣，才能將一招一式的死功夫，消化成活功夫。也藉此擴展開闊整個功夫使用的思想領域，進入「靈」與「得」的最高境界，達到「有樁如無樁，無樁似有樁」的境地。

樁法中包括了手法中的內門與外門攻防動作，和上、下門的防禦及攻擊手法，以及左、右側門的貼身與開身等一系列攻防及走位的動作。讀者可以進一步體會詠春拳木人樁法是著重在運用個人思想的，而不是利用木人樁作為練力、練橋手的工具。

在動作中，首先要求腰馬一致、左右並行是詠春拳中的特色，因為這樣不會因為左右差異而遭敵人所乘。樁法如拳法一樣，是要結合學習者的「手法和腳法」，「腰馬及走位」，來發揮攻擊的力量。

木樁動作在於「雙護雙承」、「上下配合」、「手足並用」，這裡提出一些樁法：

第一，「瀉身內門拍打手」：進行左右「瀉身內門拍打手」，需配合腰馬力，掌握敵我的作戰距離，以瀉身出手，拍去敵方左右來攻之勢。

第二，「轉身外門拍手」、「外門拍手後接連殺手」、「上下交叉轉變為抐手直拳」：使用外門拍手之後，即時切入使用殺手直攻對方，再瞬時上下轉變為「抐手」後交叉轉換，改為直攻對方中門。

第三，「側身外門拍手左右轉換」、「左外門拍手後接連殺手轉換」、「上下交叉轉變為抐手直拳左右轉換」：要求學習者左右並行發展使用。

第四，「側身低綁」、「攝馬迫身拍殺」：從中門轉變為側門進攻，低綁手後，同時並用迫身左右雙手使用拍殺動作，直攻對方腋下。

第五，微做「瀉身側踼」：當迫身使用拍殺動作後，即時瀉身轉為側踼攻擊對方下三路或是膝蓋部分。第四和第五點都是讓學習者體會貼身迫攻及瀉身攻擊，更可透過這個系列的動作練習，使學習者能即時掌握到作戰距離，以及迫身攻擊與瀉身攻擊的配合情況。

第六，「側身低綁左右轉換」、「攝馬迫身拍殺左右轉換」、「瀉身側踼左右轉換」：左右交換練習，使學習者不致於受限於生理上的不變而受到克制。

第七，收樁動作：「耕手」、「圈手」、「抐手直掌」、「雙手抐手」「拍手」（托手）直踼。這些是木人樁收樁的全部動作。「耕手」可以轉為「接手」，即時將敵方的來手移位。「圈手」、「抐打」，可以雙護雙承，可以作為「圈手直掌」、「圈手橫掌」、「圈手插手」等，運用之妙全看學習者當時「黐手」的粘連接觸感而定。「雙手抐手」也可以一抐一攻或雙抐雙攻。「拍手」（托手）也可以轉變單手，其中的腳法可以轉變為側踼。總而言之，要制敵於先，在練木人樁時，是不能死練招式的。

2. 詠春拂手

詠春的「拂手」，可能是取材於神拂的柔剛並用，以「拂」的動態而取其名，其走勢是由下而上拂動，故名「拂手」，是利用引出對方橋手，或是接粘對方的來手，或更是用作掌握敵我的戰鬥距離。

在與敵接觸的同時，使出「拂手」做為探路，在詠春拳功夫裡，稱之為「問手」，以求測知敵人的位置，並且引出對方的攻手，進而達到利我的「黐手」的攻擊位置。

「拂手」裡的變幻就是來力瀉力、借力出擊，掌握主動出擊的目的。簡單舉例「拂手」的使用如下：

第一，「拂手」接粘對方來手；

第二，出手掌控對方來拳，左右手轉換可以使出「拂手」；

第三，在敵我前鋒手粘著時，出「拂手」變手；

第四，同樣出「拂手」接橋；

第五，左右交換變「拂手」為左「抌手」；

第六，「拂手」接粘對方來手；

第七，「拂手」接粘來手，可即「拂手」轉為上橫掌攻擊；

第八，「拂手」進入貼身，轉「拂手」為抐手，順勢而行。

因為一波又一波的連綿動作，才會迫使敵人僅存守勢，這樣才會成為我攻敵守的主動出擊，達到我強敵弱的目的。詠春的奧妙也就在於長期的「黐手」訓練，體會瀉力與借力的動作變幻，潛心體會運用必能達到使敵人防不勝防，練力如拂尖，收放自如的境地。

二、漫談詠春拳滾手與耕手

詠春拳的「滾手」，在「滾」的詞意上有滾動、滾進的意思。故在動作中使用「滾手」時，應該接二連三的步步進攻敵人，因為「進攻是最有效的防禦」，但不是貪打與搶打，因為對方也是活人，所謂來者不善，應該做到不卑不亢，掌握好自己的作戰位置和距離，隨機應變，在接觸的同時做出瞬間的反應，接連的變換使敵人疲於防備，目不暇給。

1. 滾手練習

「滾手」就是滾動雙手，在敵我接觸的瞬間，即時感到力量的流向，可利用「滾手」，瀉去對方的掌控方位和力量，如對方發力控按你手腕的即時感覺，即行順勢瀉下被控手腕，並同時轉提肘及大臂，必要時也可配合身體方位，瀉去對方來力，迫使對方無法即時發揮攻擊。所以「滾手」動作的變換，可使自己本身從劣勢中，立於不敗之地。動作上滾接粘後也可以利用瀉力的即時，變換攻之。

「按手」（揼手）就必須利用上手的優勢，配合敵我的戰鬥距離及位置，迫使對方雙手產生重疊位置，而自己本身則可以提出另一隻手作為攻手，此時此刻，在力量的提示之下，另一方也會採取「滾手消手」實是良策之一，反覆再三，務求練成自然反射，成為功夫生理的結合自然反射。

雙方練習使用「滾手」、「按手」舉例如下：

第一，甲方當對乙方同時扳控雙手時，即行利用扳控點為軸心，借力轉肘，成為「滾手」，並立即順勢抐下對方重疊的左右手，更迅速提出「殺手」。

第二，在乙方被對方「殺手」的同時，把重疊的下方手「回穿」或回轉，成為「滾手」。

第三，甲方即行變「殺手」為「抐手」或「按手」，並即時回手出拳。

第四，乙方在瞬時瀉力順勢變換動作；

雙方都依靠接觸力量的反應，做出瞬時動作的變換。功夫就是要不斷的練習，達到自然反應，才能有借力和瀉力的效果。

詠春拳的「滾手」，利用滾動手法移動對方攻擊力量與身位，以連綿不斷的動作變化以及迫進敵人身位的方式，使敵人疲於接招而處於被動狀態。在無限的「滾動」中，發揮粘、連、迫、追，使敵人一時無法脫困而處於被動的地位。

以下舉例使用動作：

動作一，「滾手抐殺」：當雙手重疊或是接粘敵瞬時攻擊時，即行使用「滾手」，移動對方主拳，

在滾動中使得對手鬆懈，就以橫掌直迫。

動作二，「滾手」接手後變「抐手」「殺手」直攻上路回手後再出橫掌，或是配合「滾手抐打」。

動作三，「滾手側踢」：利用瀉力的動作，微轉身瞬間側踢。

在此仍要強調的是，詠春學習者在「黐手」時，需要掌握敵我力量反射，配合「以形補手」，達到「應打必須打」的效用。千萬不可搶打與貪勝，而失去本身應有的作戰距離和位置，反而為敵人所乘，因而失去先機，「貪」是兵家大忌。唯有透過「黐手」的體驗和熟練，才能在兩橋間的力量流動中，瞬間發揮「四兩撥千金」的瀉力與借力。所謂「橋來橋上過」，當敵人突然來襲時，沒有時間允許你思考拳套中的招式，因應來手攻擊時，必須要透過自然反應以及連續的動作，這才是上乘功夫。

2. 耕手應用

在詠春基本手法中，「耕手」也是常常在與敵對壘時，用來封殺敵人來手的主要手法之一。如同田裡老農耕田，把田土撥開便於播種，「耕手」顧名思義，就是在敵出手瞬時，把對方雙手之間，劃出一道空間，以便利進擊。

耕的動作，必然是雙手掌控鋤頭，左右交叉位的耕、耙。詠春的「耕手」，就如同手控鋤頭，做左右耕耙的動作，所以就此定為「耕手」。「耕手」是耕開對方的前鋒手或攻擊點，迫使對方在被耕開其守備位置的前鋒手而出現漏洞，也如農夫耕鬆土地之後，以便利耕種一樣。

「耕手」的動作優勢，也是在於造成活手打死手或快手打慢手上發揮，如「耕手抐打」、「耕手穿打」、「耕手抱牌掌」……基本使用上如對方出直拳，可以先行「穿攤手」接著對方來手，在掌握主攻勢同時迫使對方身出另一隻手攻擊，使敵人瞬間雙手交叉，變「攤手」為「下耕手」直攻插入。

在「耕手」接手或是「耕手」劃開對方來手時，順勢或是順其方位，接觸距離和接觸反應，使用「耕手抐手」、「耕手側踼」、「耕手標殺」、「耕手抱牌」……「耕手」的上下移位，左右交叉變換，主要利用敵人對瞬間變換粘連的不習慣，造成對方感應遲誤而出現中路危險部分，往往配合其他手法，如「抐手打手」（抐打），借位攻擊，俗稱「以形補手」。

動作運用舉例說明如下：

第一，「攤手」接手；

第二，耕手左右交換，變上下漏打，下橫掌直攻對方腹部；

第三，以「按手」按下對方前鋒上手，抽下手變為上手直拳攻擊；

第四，俟對方拳手迎接我方來攻時，即時把上手轉變為上下交叉「耕手」；

第五，在完成上下交叉「耕手」動作時，變「上耕手」為「抐手」，下手瞬時直拳攻入對方心窩。

另外如「耕手滾踼」的應用，這是一式手腳並用的連環性動作，它能在接手或是粘連對方攻擊時，變換出手腳並用，似防實攻的虛實混合動作。由於它能同時發揮手腳並用，並在敵人一時無法預估高位或是低位、遠攻或是近攻的情況之下進行，尤其使出詠春「耕手」時，左右兩手交會在身位的中央，因而得到鎖定對方中央目視的感覺，所以在變換動作把「耕手」上移時，對方往往會把目視及動作迎向上方，因此變成瞬時下方空虛。當然詠春「耕手」、「滾手」間的脈動必須如順水推舟、行雲流水般的自然流暢，才能達到自然反射的克敵成效。

以下舉例說明「耕手」的運用：

〔範例一〕

第一，當對方持刀直刺時，以轉身「耕手」移轉來刀的衝力，並以「耕手」上手粘連對方持刀手。

第二，以「耕手」粘著對方持刀手的同時，移馬使出為「扰手」，轉壓對方手肘關節，使其失去重心。

〔範例二〕

第一，如上以「耕手」粘著對方的持刀手的同時，可以發揮擒拿手法（轉壓持刀手腕）；（如同擒拿裡的老牛臥蹄）

第二，「耕手」粘著對方的持刀手後，即行使出柔道與擒拿結合的動作抛摔對方持刀；

第三，接上「耕手」耕動對方持刀手，應發揮擒拿手法，壓制對方手部關節。

〔範例三〕

第一，上下互換「耕手」成功後，即行抐上手、鬆下手直拳正擊；

第二，上下互換「耕手」成功後，可用側身「蹬手」迫身，再御行直拳攻擊。

〔範例四〕

第一，由外移內「耕手」成功，就是把對方雙手瞬間移位，使用「耕手」者可即行御身側踢；

第二，在與敵對疊時，可瞬間斜身上馬「耕手」直入中央達到「封手」的目的。

「耕手」的特點除了可以耕開對方的守備位置，使其出現漏洞以便攻擊以外，其左右交換動作也可改變對方熟悉的生理習慣而發揮攻擊，上下手的變換也使對方無法集中焦點，再配合身形與走位以及腳法，可以迫使對方瞬時失去攻擊重心，而達到欺敵克敵的效果。單一的「耕手」可以變幻出無限的配合與攻擊，故詠春拳的執教者一向強調「活人練活死功夫」的道理。

三、再論詠春八斬刀法與應用

詠春的八斬刀是詠春拳脈的獨門兵器，由於短形雙刀，是拳法的延伸，是故學習者必先行打下詠春拳的基礎，將所學之拳套和樁法動作靈活運用，達到運用自如、自然反射的境地。再加人學習者個人的修養，練功者確實需要做到「吃人不能吃之苦，忍人不能忍之氣」。語云：「練功如磨刀，刀越磨越利，功越練越精」，拳腳如此，刀法亦是如此。

1. 刀無單發

拳法中出現的「抐打」、「耕打」、「攤打」或是「拂手」、「抌手」、「滾手」，在八斬刀中同樣有「抐斬」、「耕斬」、「攤斬」、「拂刀」、「抌刀」等動作。

就如「黐手」動作中強調的「腰馬一致」、「追步朝午」、「連環結合」，故刀法中的「圈刀直斬」、「耕刀抐斬」、「滾刀攤斬」，都突顯詠春拳法中的雙手並用與連環配合。

需要掌握「連消帶斬」的連環攻擊，也就是詠春強調的「刀無單發」。詠春沒有擋、架的被動概念，而是強調「點點朝午」、「步步追形」的「埋身擊」。八斬刀也是拳術的延伸，兵器短一吋、狠一分，遇上長戟或是纓槍，如不採取「埋身擊」，注定會失敗。

以下舉例說明纓槍直刺與八斬刀的使用：

第一，對手提槍直刺進攻，八斬刀法使出反轉刀側門進入。（此非單一刀法）當粘接時，對手再收槍再次進迫。八斬刀法，使用反手攔刀進攻。

第二，對手提槍直刺，使用滾刀鎖接對方纓槍，並即變為滾刀攤斬刀法。或是上馬迫身，以單刀抌下槍桿，再以前刀鋒按槍桿直削持刀者前鋒手。

第三，對手提槍直刺，以快打慢的手法移位上馬使用抌刀轉攤斬。

以上種種並非是單一動作的刀法，當然更不是套招，點出一二手法，給學習者多行領悟。

2. 連消帶斬

八斬刀重視粘連消殺。我們知道兵器是拳術的延伸，手中兵器越短越要貼近對方，所謂「藝高人膽大」，需要以「膽大心細」去接近對方，快、狠、準才能克敵致勝。刀法運用也必須是粘連迫身，才能發揮「短一分、狠一分」的效果。

詠春拳的刀法，如同拳法中的「黐手」，「滾刀」、「抐刀」、「攔刀」、「抌刀」等動作是由「黐手」變換而來。

在詠春來說，皆沒有單一式的動作，不管拳也好、刀也好，因為單一動作就是死動作，不能僅此一招，上述的舉例都只是給各位一個提示的思想參考去發揮。詠春強調「刀無單發、棍無兩響」都是強調每個動作都有獨立的作用，就是沒有一招要接哪一招的固定模式。各位手上的八種刀法都應發揮互用互動，如同原子分裂、數學開方再開方，以熟練的手法去發揮之。例如敵提槍直刺，可以用滾刀攤斬，也可以直接出刀攤斬、拁斬，只要能保護自己戰勝敵人就是好動作。正如鄧小平的名言：「不管黑貓白貓，能夠抓老鼠的就是好貓」。

是故八斬刀的使用也是拳法之理論，「有刀黐刀」、「無刀問刀」的粘連迫攻的打法，也因為有粘連迫攻，才能發揮連消帶斬的效果。要練成「出刀如狂風殺」實非一年半載。今日社會雖然不復存在過去刀光血影之殺氣騰騰景象，但是中華武術中各門派之刀法所表現出的靈活刁鑽與氣魄，仍受練武者喜愛。

事實上，兵器的對壘也表現於瞬間，但兵器不能對打，因為刀出傷人，實非執教者所願意見到，故學習者要自我體驗，所謂「唱者曲不離口，練武者拳不離手」，亦如古人所云：「只要功夫深，鐵杵也能磨成針」，只要秉持恆心與毅力，必可達到成功之路。

Chapter 8

盧文錦詠春拳的教學精華語錄

主動而不是被動；
用拳而不是練拳；
製造機會克敵於先；
靈活反應而不是死練拳套。

詠春的十大手法：「攤」、「滾」（「綑」）、「綁」、「伏」、「抐」、「耕」、「扰」、「拍」、「按」（「揼」）、「攔」。

新人學習詠春拳的順次從練習「小念頭」開始，基本動作介紹如下：

第一段：開馬開拳：

第一，穩定馬步；

第二，開拳動作；

第三，攤手、圈手、抌手、護手；

第四，伏手、圈手、抌手、護手；

第五，拍手、直拳、圈手、收拳。

第二段：蹬手、撐手、前抐手、殺手、左右抐手、雙抌手（提手在眼前方）、割手、標手、抹手、拋手、收手。

第三段：前拍手、上橫掌、圈手、收手、上滾手，抌手、再上滾手、耕手、再接上滾手、圈打兩個動作連續。綁手、抌手、底掌、圈手、收手、脫手、打直拳，中間要練單腳獨立腳。

熟練小念頭學轉身：

第一，轉身耕手（雙手）；

第二，轉身直拳；

第三，轉身綁手；

第四，轉身滾手；

第五，轉身直拳，然以兩人對練接手；

第六，再練打空拳前進、打空拳倒退。
第七，開始練單黐手；
第八，進一步練綁手、拘手（左右拘打）；
第九，盤雙手（碌手），一盤一打；
第十，再練扰手直拳，熟練後練黐手（過手）。

一步一步按部就班的練習，不要著急，功無百日，必須熟練到有自然反應動作，在遇到任何危機時才能做出即時的反應，發揮平日所學功夫的實用效果。（所謂的自然反射）

一、詠春拳術重要原理剖析

詠春拳的手法練習可以藉由木人樁來練習穩定性和靈活性。木樁是一招死的實務，它是把固定的位置令你自己本身去了解以及熟練你練過的動作，並且是用來激發你的思想，進而增加動作的敏捷度和靈活性，使作戰時能夠制敵於先。

消滅敵人的攻勢，而不是接招化招。因為消滅的作用有破壞性，同時攻擊。接招是被動的，破招也是被動的，因為敵人不出招你就無招可破，必須與敵人接觸才能產生機會，正是「敵動我如山嶽動」，才是消滅敵人的好辦法。當然這個「山嶽動」不是置身於安室而不顧或是兩敗俱傷，而是制敵於先，立於不敗之地。

1. 拳理應用

「綁手」轉變為「攤手」，非是轉變為一個防衛角度，而是掌控對方力量的反射，做出瞬間的不同變化，達到掣敵的目的，其變化的方法以及轉變時的即時反應與掌握攻擊的結合，達到「打手即消手」，又有機會即行攻擊，使敵人有受迫威脅且防不勝防的壓迫感，所謂「攻擊是最好的防禦」在於動作的變換產生連續性給對方受到壓迫而有獵殺的效果，而不在於貪打而使自己陷入破綻百出的危機當中，裡面是強調「應打則須打、但是貪打終被打」的應退哲學。

不要做無謂的移動，也就是說無必須時不要輕然上馬，踏腳（不是上馬），因為詠春拳本身就是「腰馬一致」，故要練好「腰馬一致」，必須努力去練「尋橋」，要練「尋橋」，必須先練好「獨立腳」，這樣才會配合攻擊力量。「迫身」再御身側踢時，是把大部分身體力量垂直在獨立腳上，而並非依靠側身力量踢出側踢，因為依靠側身會把回輸的力量由踢腳回輸到身上轉到頭部造成失去平衡，為敵所乘。

當敵人一股巨大的攻擊力量上衝你的防衛位置時，不必要堅持用你的本身的力量去抗拒或是迎接，你必須要採用瀉力的方法：「轉身」、「瀉身」、「瀉馬」……瀉去敵人的剛力道，把握敵人的攻擊時刻，採取還擊，當你在變換位置或「瀉身」、「瀉馬」時，一定要做到「敗形不敗馬」或是「以形補手」。

「盤手」（「碌手」）除了熟悉你本身所學與配合你的生理活動，以及感覺對方力量的流向之外，你自己也可以自我了解（體會）到怎麼樣是最好的方位及掌握力量的流向。力量流向習慣在「盤手」

中，力量方向由功夫（動作）位置所產生配合。功夫動作則隨「形」而有所變動，「形」者，敵人的方位，也就是一定要「朝形」（面對敵人），在動態時更要做到「以形補手」。

練習「碌手」（盤手上身），當敵人順「盤手」之勢加上迫步上身、上馬時，你則必須順其來勢，在「盤手」的同時，微退本身位置以瀉去敵人的來力，但仍然保持接觸力量，僅用位置的差距而保全原來的手法與手部應有的位置（良好的角度）。在練習「盤手」的同時，應該先將動作的結構維繫好，遇到來力可以進行手法的變化，如果力量過大到會破壞你的結構，此時不應該抗力或是鬥力，應該立即利用「轉身」、「瀉身」、「瀉馬」瀉去對方過大的來力，再輔以借力使力而使對方完全喪失重心。因此練習過程當中強調結構的目的是要使學習者不要在基本動作不正確和不穩定的情況下隨便走動或是移位，必須感受來力再進行順勢反應，這裡強調身體與手部動作的協調性必須仰賴平日的練習，達到「腰馬一致」的穩定發揮。

「抱牌掌」，使用「抱牌掌」可大致分為：

第一，控制敵人中心力量：即時發揮抐打，再抱牌，再抐手，追身再出抱牌掌；

第二，敵我兩手相粘可順勢抱牌、再即時近打迫踼對手再攻擊；

在思想上，不要限定應該用何種動作，抱牌也好、綁手抐打也好，一定要順勢而行，沒有我想如何、或是計畫如何……總之，一切的動作，都要有「黐手」反應，無手就是要問手（引蛇出洞），因為接觸才有反應。

「接手」及「過手」：當發生手與手的相接觸，及引到連續運用的「黐手」動作，在運用上你應掌握著力量反應（包括你本身送出去的及敵人反射回來的）力量感應，就是手與手之間的回輸力量。

「接手」：當單一手與敵相接時，在接手同粘的時候轉換（變）成「綁手」或是「迫手綁手」，連同迫步一起使用，使對方不能即時發出攻擊力量，也可以因為迫步的位置而控制對方重心。俟機與機會不是要受制於敵人，而是制敵於先，及時「封手」。

習慣性：即你本身經常熟練及易於使用的動作，來結合你本身的位置、距離去發揮攻擊的動作。練習時，每個動作都要清楚，把正確的位置、距離練成一種反應。如果動作喪失基礎和結構，就無法發揮制敵的效果。

「抐打」、「抌打」連合運用：當使用「抐打」、「抌打」時，而對方使用迫身封位，則馬上轉為「迫身（上馬）抌打」，接著又轉為「瀉馬抐打」，使對手無法豎立身位，這樣可以掌握機會運用腳法或是「瀉身側踢」。

貼身時受到對方攻擊：當受到對方攻擊（直拳或是小勾拳），採用瀉身抐手交叉直拳反擊，必須採用身形協助，正如詠春拳理術語中的所謂「以形補手」。往往使用「形」的時候，使用馬步位置幫助，這叫「敗形不敗馬」。

進馬攻擊：這是利用位置之差距，配合手足的基礎，同時發生的力量，使敵人即時無法預估的情況，或是敵人瞬間的反應不及，予敵即時反擊，也可以產生以形（位形）補手的效果。

這裡特別解釋單一接手時的問題，在接手的同時，不管你做出何種動作，敵人仍有一隻手可以使用，不管你做出何種動作，對方仍可以穩穩地守著，更可進一步回擊。所以，詠春拳一再強調「黐手」，單一接手之後，本身空出來的左手或是右手不要搶著攻擊，因為你能、敵人也能，雙方都有一隻空手，所以「黐手」的重要性就是在於此，黐住對方的雙手才有可能出擊致勝，所以需要不斷的問手消手、粘連迫攻，完全掌控敵手的變換，你卻總有一隻手在胸前可以攻擊敵人，要做到這樣的黐封是完全仰賴對於你本身動作的熟悉程度以及對於接觸敵手的反應靈敏程度。要知道世界上仍有人要冒死對你一擊，做成玉石俱焚，詠春要做到無手問手就是要防此一襲，是故單一接手時，即行出另一隻手不一定是攻擊，卻一定是要做到黐粘，因此詠春可以做到消滅對方玉石俱焚的襲擊，自己也可以掌握兩手移動的力量流向，順勢而行。

2. 應用之道

當你使用功夫時，恰如一場大戰，大戰的目的就是要運用戰略與戰術，達到順利的目的，所以要使用功夫時，即是進行一場大戰，不過這是你個人的大戰！可用的動作和生理發揮就是你作戰的本錢，而你本身就是作戰指揮官，所以只要一有動作就不能停止，但一切勿操之過急，一波一波地進行，掌握著時間、位置、距離及應有的生理反應。因此，功夫的運用是對你在動作上、戰術上和戰略上的全面挑戰，無法急功近利和敷衍了事的。

記著停止（不論你時間多短暫）都是注定失敗的，因為停止就如放棄，給敵全部機會，但你一定要放鬆，這能增加個人反應和靈活，就如同寫無數的8或無數的1，或是如電子中的等幅波一般無限的延伸。

「黐手」：當「黐手」時，首先要了解「黐手」是帶給你更多的自我反應（感覺）及由對方動作中產生的反應，再而利用這種感覺結合你平日熟練拳套中的基本動作，但不能使它「公式化」，完全是你接觸後的自然反射的結果，才能在作戰中運用自如。

當然其中包括了距離與動作位置的配合，故當你掌握攻擊時，絕不能只掌握百分之五十，因為敵人

（對方）仍是同時攻擊，這會兩敗俱傷。應該要在「黐手」運動（移動）時，造成三隻手關連在一起，即時運用自己空出來的另外一隻手，掌握即時的攻擊，但注意要自然運作，不能搶打（就是做到對方雙手重疊在一起）。

要了解「黐手」是透過雙方接觸，在力量流動時的反應以及本身的感應，配合拳套中的動作，從接觸力量及位置和雙方距離反應出，發揮本身的生理與動作的結合，最重要的是怎樣把你學過的動作，從接觸反應中發揮出來，所謂「工多藝熟，功越練越深，刀越磨越利。」

切莫強調力量或是一定要打倒對方，因為對方也有反應。如果對方是教練，他是要幫助你進行「黐手」的訓練，給你更多的運用動作的練習機會，他不是你的敵人，而是帶動你的反應，可以說是幫助你進行反應練習，使你學會如何把生理與功夫結合成為一體。當然，熟練的「黐手」能給你有反射的動作，但絕不是僅此一擊或是僅此一招，所以進行「黐手」者一定不能貪打，「貪打終被打」，總知一切一切都要求自然發展，配合生理與本身動作的協調，達到自然反射與應用自如的境地。不強調如何打倒對方，因為你能有靈活反應，能結合動作與生理即是功夫，不然就是死招式。

離離必合，合合必離；
近則變遠，遠則變近；
手腳並用，腰馬合擊；
黐抐迫攻，近拍迫蹬；
攝拍耕攢，永不退攻。

3. 六點半棍

六點半棍，原非出於詠春拳派。自梁贊往下傳已成為詠春拳派獨有的武杖。傳聞中點六點半棍法傳自外派，也有傳說傳自少林寺的至善禪師，由他傳入廣東戲班（紅船），但是否如此有待查證。

但以六點半棍的動作來講，確實與詠春拳派有極大的分野，就其四平大馬及棍長就可以肯定非出自於詠春拳派。據聞棍長應為丈二（俗稱單頭棍），因使用上受限於地形、地物，故各派使用上均把單頭棍小改為唐尺七呎二（合為三碼，即英呎九呎）。

六點半棍到詠春門人梁贊手中，把棍法中的一些自我訓練及著重力與美的動作一一刪除，僅剩下極具攻擊與防衛的動作（合為七式），分別為：「標棍」（「槍棍」）、「抌棍」、「釘棍」、「挑棍」、「撐棍」、「彈棍」及「蹬棍」等七個重要的動作。（本書附有六點半棍的圖示，讀者可以參考）

棍中的行使，有助於詠春拳的腰馬及臂力。由於發揮動作不多，教者強調學者必須要先充實練棍之前的腰馬力，就是先學「標棍」及「蹬棍」，配合腰馬運作，了解腰馬力量在使用上才能發揮精準，定要棍出傷人。

由於棍長加上受地形上的限制，在窄巷上不具熟練身手無法開展，所以靈活的彈、撐及進退馬的動作互補長短，才能封殺貼身近攻的兵器。以六點半棍的刁鑽動作，再加上熟練發揮的快、狠、準，必然棍出傷人。是以執教者經常提醒學習者，應該做到「刀無單發、棍無兩響」。

二、「黐手」的攻擊與應用

當「黐手」式打鬥時接手後，盡量採取遠迫近攻，但切記不能搶打，接手時一定要雙手同時產生效果後才能發揮動作，否則只有搶打，會造成兩敗俱傷，這就是利用「黐手」的機會，拉近雙方的距離後（當然要控制對方的手或位置）即時拉開使用退馬攻擊（注意作戰要領：位置、時間及「以形補手」）。但有機會時也可以使用貼身迫攻，如：「蹬手迫身」、「上身攔手」等，不論成功與否，即時變為遠攻，使對方防不勝防。

1. 矇眼黐手

在做「矇眼黐手」之前應該做好「來留去送」、「甩手直衝」的感覺反應動作，透過接觸感覺力量的流向並且做到朝形，穩定「黐手」的感覺，才不會處於劣勢。

「矇眼黐手」則是粘連迫攻、決不放鬆，能集中意志、增強生理與功夫結合為一體，不必受到目光視覺反應的誤導，排除了見形破形、見招化招的柵上功夫。矇眼的效果如足球場上的好球員，在足上的球只要盤帶及即時反應反射，不必先看球再出腳一樣（接球時就依其球技揮出腳與球的粘連功夫一樣）。

「矇眼黐手」在接觸後，就依靠雙手的粘連的力量流動與發揮打擊作用，故必須先行接觸，掌握對敵人的方位，好像部隊作戰時的「就戰鬥位置」，如果你連敵人在哪裡都不知道，又怎麼能與敵對壘？所以，「矇眼黐手」的接觸不是武俠小說中的捕風捉影，而是言之有物。

耕手轉身	接手（雙人）
綁手轉身	耕手
直拳轉身	綁手接手
滾手轉身	滾手接手 滾手接雙拳
單黐 外門 內門	
抦手 綁手抦手內門 外門	
盤手（雙碌手） 盤雙手　左 右　內、外門	
盤打　內門手	
雙手　抌手直拳　內門 外門	
初期過手（教者帶手）	
黐手移位 盤手移位 接手移位 打手（抌手移位）	
自由動作黐手 包括上馬、退馬 以形補手 敗形不敗馬	
接手 近身接手 開身接手	
搶身接手（招）	
接刀 接棍	

2. 功夫心法

黐手接觸，
以點制面，以柔克剛；
以生理配合自然反應；
以習慣代替死背硬記；
以活招式代替死招式；
以力量流向定出與敵方位。

切記勿急著攻擊對方，這會造成兩敗俱傷，也會得不償失。功夫不像是做生意，不能用成本去結算，也不像賭場輸贏都是金錢。功夫因為不論輸贏，都是自己身體的損失不計，就算對手嚴重受傷，對自己的身體仍是無法補償回來。

練好詠春「黐手」，不能光靠快速出手攻擊，往往快速出手會變成搶打（會打到對方，也會被對方打到），搶打會把你帶到只追求打人、不追求功夫的地步。打到一下之後呢？因為搶打不是發揮自然的生理感觸而成一系列動作，「黐手」能使你在動作中得到無限變化，就靠接觸中的生理感覺去發揮，而且有一定的頻率，不能忽快忽慢，應有一定的頻率，把用手不斷的演進，這就是所謂的「封手」。

當練拳時應放棄所有的心中壓力，以及一切的慾念與惡念，也就是腦中沒有任何雜念，近似忘我，全心投入練拳，達到定而後能靜，靜而後能安，安而後能慮，慮而後能得的「定、靜、安、慮、得」的境界。當靜下來休息時，可以回想練習中的一切動作，這如溫習功課一般，如孔夫子曰：「溫故知新，可以為師矣」。

在「黐手」時不能存在任何思想的準備動作或是計畫動作，因為這樣你擁有的是死動作，是由先入為主的想法產生來的產品，不是經由接觸且自然反應而來的活功夫。動作的變幻應該是從接觸中由雙方力量感應的反射而來，這才能掌握活功夫、活思想。詠春的思想觀在於體悟動作的自然變化和接觸外部環境的反應，而不是憑空的想像或是沒有接觸或是實戰經驗的空想。詠春的「小念頭」儘管是告訴你產生了小小的念頭，但這些小小的念頭是在「黐手」的過程中才能得到體現。也就是無在有中呈現，念頭在實踐中完成。

詠春術語當中的「**封手而不追手、迫身而不甶身**」。「封手」即雙方同時空出一隻手時，即行出手先行封住對方的空手（當然不是搶打）。如對方出手也即行先「封手」，達到「封手黐手」，再從接觸感來進行下一個動作。「迫身」是如排山推海，不是把身體甶向對方而成為向前倒。詠春的「黐手」就在尋求做到「封手」，「封手」就是落實「無手問手」，防止敵人致命的一擊，能夠不斷地進行「封手」就能使自己很安全，也能做到不斷的變換攻擊，直到敵人彈盡糧絕投降為止。

三、詠春動作的活學與運用

當面對詠春「黐手」或是真的與敵交手時，其所學動作的發揮除了習慣動作之外，就不能強求自己在無安全的情況之內去攻擊對方，這樣會做成自己本身出現漏洞或露出缺點，予敵有機可乘。

1. 掌控局勢

詠春拳有句格言：「**貪打終被打**」。好的功夫不是不要命的急著打對方，而是自己本身有絕對的安全，是敵人無法打到你。因為無後顧之憂，才能全力發揮，在制伏對方上，如同做生意開店經營一樣，量力而為，先求得不虧本，再去擴大賺錢（不虧本就是賺錢，想想店裡的開銷以及工作人員的薪水等等）。

所以功夫也是如此，能得到本身絕對平安，令對手無法得到攻擊機會，迫使對方感覺到無限壓力，直到失去戰鬥意志，你就可以趁虛而入，但是你不是處於守勢，因為你學的是詠春，發揮的是消滅再攻擊，再攻擊再消滅，就可以達到乘勝追擊的效果。

有人誤認為詠春拳的「黐手」就如同太極拳一樣，這是不懂詠春拳和不了解詠春拳的外行話，這人必然是功夫騙子，因為詠春拳的「黐手」是讓你發揮所學的活學運用，達到與敵接觸後的自然反射動作，它是完全帶給學習者如何把學好的拳套動作，透過「黐手」發揮成實用的攻防技術，更在「黐手」中掌控「瀉力」和「借力」的接觸反應，而不是見招化招、你來我去近乎互相配合的推個不停。

「黐手」練習是透過不斷以及與不同習慣人的接觸自然反應，這就如同實兵實彈的操練演習，進而達到實戰交鋒，所以一切動作的接觸與變幻在於平時的熟練，沒有固定的規則，更不必去講見招化招、見形破形，也不必理會相互推倒，只要掌握著「瀉力」、「借力」，不必搶著攻擊，需做到「有手『黐手』，無手『問手』」，以及「敵動我如山嶽動」。

所以黐手者如同戰場上的指揮官，如何發揮戰略與戰術去打這場戰，而不是拼刺刀相互殘殺。動作的開始就要了解及掌握整個作戰環境，做到「有手『黐手』，無手『問手』」，「黐」、「粘」是詠春本身的優勢，能掌控「來留去送」的局勢變幻，能即時掌控敵我的作戰位置和距離。故在樁手擺出時就如同戰略上的前進佈置，或是戰術上的袋形戰術，L形戰術等等，能發揮制敵於先以及陷敵於我的作用。

2. 汲取兵法

《孫子兵法》是中國最古老的兵書，詠春拳的使用也可從兵書當中汲取用兵之道，因為與敵人對壘時就如同是一場作戰，是關乎自己危急存亡時的生命安全，不是開玩笑的。所以，《孫子兵法》一書在開篇就開宗名義講到，「孫子曰：『兵者，國之大事也；死生之地，存亡之道，不可不察也。』」。

「一曰道，二曰天，三曰地，四曰將，五曰法」。兵法裡強調天時、地利與人和。詠春拳強調順其自然可謂「道」，如水到渠成般的水流衝擊力，一瀉千里。詠春拳的任何的動作發揮是要輕鬆去做，動作僵硬了就不自然，會產生抗力與鬥力，詠春拳不要你個人想像有沒有力量去使出力量，而是順勢而為產生變化的那種自然發揮的力量。如同身體的轉動和腳步的移動，都可以幫助手部做出動作而發揮力量。如果身體和腳部都僵硬，手部的力量就無法發揮，因為詠春的動作主要在手部，也就是透過「黐手」達到動作發揮的永無止境。「黐手」是使我們動作發揮出來的過程，因此不能停留在「黐手」的固定思想裡面，而是要去開發「黐手」的最終目的。你的目的在於使敵人無法打到你，那你就需要有攻擊就是防衛的概念，你不是要攻擊打到對方就停止，而是藉由攻擊使敵人做出反應，如同「引蛇出洞」找到克敵制勝的機會。所以，「黐手」讓你從思想和身體上都習慣不斷的變化，所以，「黐手」練習會使你不斷有動作、不斷有反應，在不斷有動作和反應的過程中讓你體悟到功夫的練就和功夫的意涵。使用蠻力無法面對更強大的來力，所以，詠春要懂得瀉力與借力，要練習動作如何在身體、腳部和手部的轉動和協調中發揮流暢，在流暢中產生力量，達到「行雲流水」般的順暢和自然。轉身的同時是需要「腰馬一致」的，在「腰馬一致」的轉身運動中你能夠找到可以發揮動作的空間和機會。

掌握時間運用的恰到好處，也就是不搶打、不貪打，因為任何的動作都不在於打人的那一下，因為如果對方比你更靈活或是更強大，你的動作也無法發揮作用。所以，動作的使用是在於測試或是引發對方的回應，這是為了不斷產生可以克敵制敵的機會。動作出去不是打一下就停止了，你的思維不能停留在一個動作就是打一下的概念。一個動作可以因為身體、步伐和手部動作的變化而有了其他不同的動作產生。所以沒有固定的招式，也不是見招化招，而是一個動作的發揮，目的在於接下去還有其他的動作產生，也就是一個動作扮演的是下一個動作產生的基礎，所謂的「兵之所加，如以碫投卵，實虛是也」。所以，一個動作做完了，還有下個動作，不要停止不動，但是每個動作確實做到位之後才去發揮下一個動作，每個動作之間都要停一下且都要清楚穩定，因為停一下的目地是為了讓你的動作產生穩定，不自亂陣腳才能使你的動作發揮有效果。「亂則取之」，動作沒有做到位就接下個動作很容易產生空隙，而且沒有喘息與放鬆的機會，所以要等對方做出回應時你才回應，「敵不動我俟機而動，敵動我如山嶽動」就是要穩定中做出瞬間的判斷。穩定就是放鬆的結果，放鬆就是穩定的來源，每個動作中間有了放鬆才有穩定，扎實的功夫才能練出來。你的動作不是在思想裡產生，而是接觸中產生，而你每一下動作也不是最後的一個動作，是一種接觸反應、再接觸再反應的循環。有了這樣的觀念，動作可以就如同天地萬物與四時寒暑的交替生生不息，這就可謂是「天」。

「兵者，詭道。……亂而取之，……強而避之，……；攻其無備，出其不意」。的確，詠春強調近身接觸，如果敵人重磅出擊，學習詠春的人都知道，要避開對方的重擊，所謂的「強而避之」。動作的使出是為了使對方自亂陣腳，也就是「亂而取之」，所以練習時每個動作都不要搶快，要確實做完了一個動作再換下個動作，也就是「點點清」，動作與動作中間其實就是放鬆與喘息的瞬間，鬆才有動作出來，僵硬的就等於動作的結束，無法在繼續產生變化。詠春的應敵採取的避開方式不是躲避或是逃離，而是接觸敵手後進行「借力使用」和「來力瀉力」，「不作鬥力」和「不作抗力」。要達到這樣的手法有賴於學習者了解每個手法的物理原理，把動作做正確了，才能發揮效果。心理上也不能產生畏懼，如果要達到「攻其無備，出其不意」，則需要不斷的將基本動作做到標準並且熟練，使你在應敵時都不需要經過你的眼睛和思想去指導動作，而是接觸後自然反應正確的動作。其中動作正確與否又與你是否能夠放鬆肩膀和不使用過多的力量有關，當然需要經過不斷的「黐手」練習，不斷修正自己的動作的準確性和敏捷度，此外，「木人樁」的練習也能矯正動作與開發思想。

詠春強調「能而示之不能」的以弱示強，也就是詠春的出拳看起來不能打痛對方，但是絕對能夠給對方產生壓力，也就是說僅管拳的力量沒有重磅，但是一旦能夠在動作發揮正確之後，就能夠使對方的攻勢受到威脅或是使對方心理上感到壓迫感之後而失去攻擊的力量。所以，用兵之道在於使敵人料想不到，也就是「出其不意」一種迂迴的運用。

孫子曰：「故善出奇者，無窮如天地，無竭如河海」。如果可以將固定的手法在使用上做出變化，那可以使用的招數所產生的變化就無窮無盡了，也就沒有耗盡枯竭的時候，要達到這種靈活與變化就必須要經過「黐手」練習，使你習慣面對不同敵人的來手與因應不同的情況，能夠馬上根據對方來手的不同情況做出適當的反應，九變篇中提到：「故用兵之法：無恃其不來，恃吾有以待之；無恃其不攻，恃吾不可攻也」，如果平時沒有做好基本功的練習，其實最難達到變化於自然，先要有「熟能生巧」的努力，鐵杵才能磨成針。在軍爭篇提到兩軍對陣，「故善用兵者，避其銳氣，擊其惰潰」，詠春拳也是不做抗力，但是能夠找到攻擊對方的漏洞，也就是虛實篇講的「攻其所不守」，「兵勝，避實而擊虛」。所以，這種反應和變化是需要不斷去鍛鍊出來的。每個動作在重複練習時都要感覺動作在運行的路徑中可以產生的變化，所以，每個動作練習時都要慢，每個動作都要清楚，動作與動作之間都要停一下使你有放鬆和喘息的機會。平日再透過不斷的「黐手」練習，鍛鍊出自我身體、步伐和手部的靈活轉動與自然變化，在這些變化中感受「決積水於千仞之隙」的力量，體悟出詠春拳「無窮如天地，無竭如河海」的深遂奧妙之處。

註：停不是停止不動，實是每個動作要做到百分之一百才接下去接連下一個動作，各位可以看籃球場上的球員投籃時，他們沒有把手中的球拋出之後就急著走開。

3. 詠春之道

在詠春拳發揮、使用與變化等各方面來說，有人認為他是拜名師且自小開始練拳，功夫是了得這應該是不會錯的，但是他個人的接收能力卻不一定能成為名師，事實上，也有可能是不學無術。「學」是無止境的，需要不斷發掘更多的問題。那就是學文的不一定要學武，學武的一定要學文。

回頭看世人的過往，將軍的兒子就不會成為將軍，除非他不斷求取、不斷學習、不斷研究。當然也會有青出於藍者，古人勸學後進者需要：「青取之于藍而青于藍，冰，水為之而寒于水。」，但確實是要不斷有新的知識。

功夫也是一樣，不光是頂著上一代的名氣，只仰仗靠山或是前人的光環去炫耀。有人說中國人常常把好的留給兒子，但是他可以吸收嗎？所以經常也出現敗家子，師父的光環只是借道，成功是要靠自己不斷努力得之的。

常常有人說功夫只是動作打得好就是好功夫，這是自我安慰、不想追求了解與深入，因為我們不是要把功夫用來表演。難道生兒子就可以傳後代嗎？那你可否聽過古人常說的「傳書教子孫」。

功夫與學問是分不開的，尤其是詠春拳，要體會從感覺當中變幻出動作。所謂「朝形」、「迫步」、「轉身」、「瀉馬」……等等，這些運用原理都與幾何學有關。深入去了解更與戰爭學有關，再深入了解就如同原子分裂，窮極浩瀚之宇宙。是故易經上講：「廣大配天地，變通配四時，陰陽之義配日月，易簡之道配至德。」也就是過去梁壁先生與葉問宗師以前經常強調的為人之道。因此，武術的至廣是涵蓋天地萬物；為人的至德是在虛懷若谷中養成。（葉問得益於梁壁，故也稱他為先生壁）

所以，要深入了解詠春拳的變幻黐手動作，就包括了認識幾何學、力學、兵學、生理學等科學概念的運用。所以，敵動我如山嶽動不就是原子分裂嗎？雖然如此，各位你們不是也看到了很多教詠春拳招生的廣告嗎？有人講教授的是葉問詠春拳，各位想想葉問詠春是何種詠春？有人看過葉問電影，在電影中出現一段畫面顯示雙方在打鬥前，葉問不是向在場人士表明「在下葉問佛山詠春派，師承陳華順」。細看今日在台灣，又有幾人向學習者表明師承呢？許多人行騙，確實有人願意被騙，更有人說學詠春不必學黐手，應該不是不必而是教者不會吧！

事實上，很多詠春老師，他們會教你練功夫從小念頭、尋橋、標指一套一套練下去，但是很少會幫你帶手去練「黐手」，和使用科學理論解說每個動作，如同學校老師一樣，他們會教你讀書，但是不能幫你做學問，因為他們是老師而不是專業的教授，專業的指導教授會指導你怎樣去做研究。詠春拳也是一樣，專業的執教者是引導你去發揮所學，只有自己能發揮出來的才是自己的功夫。沒有透過長期的「黐手」訓練，所學的拳套、樁法都無法發揮出來。

整個詠春拳所以發揮使用的動作，不是單單去思維如何去使用「攤手」、「伏手」、「綁手」、「滾手」……或是如何使用「黐手」動作，或是如何去攻打對方，這樣的思維比較保守，可以說不能徹底了解詠春拳，因為不會詠春拳也可以打人，只是動作不同而已，但是你打別人、別人也可以打你，那打人又何必來學詠春拳呢？什麼是詠春拳以及功夫之道應該要深入去了解，不要被功夫騙子誤導。

所以在哲學上，就要發揮擴大到「兵法」的運用上，如《孫子兵法》中的欺敵戰術與整體戰略上的佈置和運用，所謂兵不厭詐。所以在詠春拳的思維哲學，用拳就如同大兵團作戰，啟發你的思想並發揮你的所學，而不是死守不變。想一想，人們為什麼會被扒手扒去口袋裡的錢包（就是似真非真）。

在兵法欺敵戰術中，在用拳上最簡單的方式如「退馬出拳」，但卻能把對方擊倒，偶然也要「順勢、借勢」，所謂的「借力、瀉力」。

我們常能聽到教拳者說如何打倒對方、如何攻擊等云云，但你們有沒有想過對手的情況呢？因為對方也是人，也會想打倒你，兵法中常說：「立不敗之地」，所以，我們是要把所學的發揮來不被對方打倒，這就是立於不敗之地，這才是首要的思維，因為你不敗才會有成功。

所以教拳者或是指導使用詠春拳，不是單純的動作或是喊打喊殺，而是如何讓自己立於不敗之地。試想詠春拳為何有「追步朝形」、「退馬出拳」、「瀉力」、「追身」、「蹬手追身」……等等。這些都是在思維發揮上的一種哲學，也可以擴大為兵學、兵法……，簡單解說：「蹬手」或是「蹬手追身」感覺上完全沒有攻擊動作，但「蹬手」所帶來的機會無可預估，在力量反射上，「蹬手」或是「蹬手追身」都可以使對方頓時失去重心、無法提手，或是失去思維，所以兵法中有「乘人之危」就是知敵之不知，掌握「道、天、地、將、法」中的統領之道、形勢虛實、地形變化、謀攻運行、用間作戰等結合成為一體的完整系統，才能使整體作戰立於不敗之地。

這正有如：

似真不是真，似假不是假；
似真原是真，似假接連真。

在我年高八旬的階段，我教詠春功夫的目的就是傳承，希望把詠春拳這脈的功夫內涵傳授給下一代，使其不斷發揚光大、枝繁葉茂並且永續長存。相信在這股力量的鼓舞下，更多的人可以投入到這門武學的行列中，使詠春拳能夠淵遠流長而威震八方。這樣一來，在詠春拳發展的歷史脈絡當中，傳承它的武術精髓就是弘揚中華民族兼容並蓄的至德精神。

下篇

盧文錦詠春器械
重要基本動作圖示

Chapter 9

盧文錦詠春器械

重要基本動作圖示

1.木人樁手法

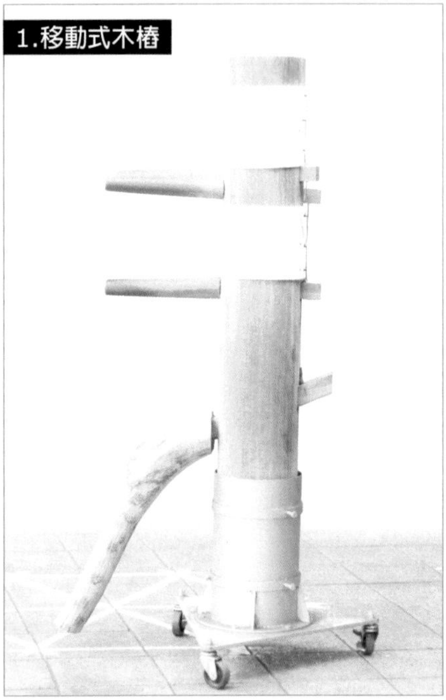

1.移動式木樁

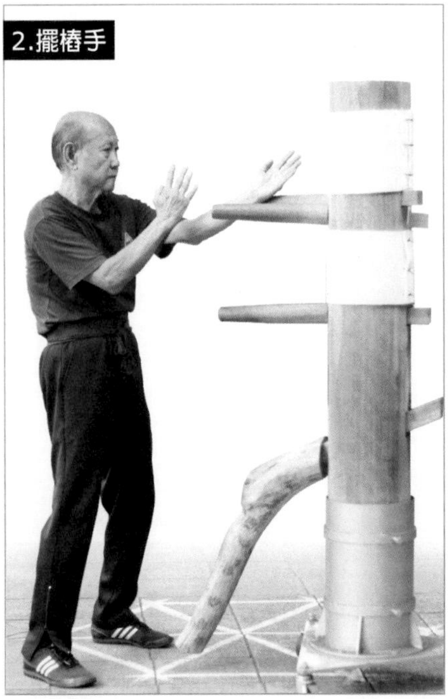

2.擺樁手

3.穿手

4.穿手

5.左轉綁手

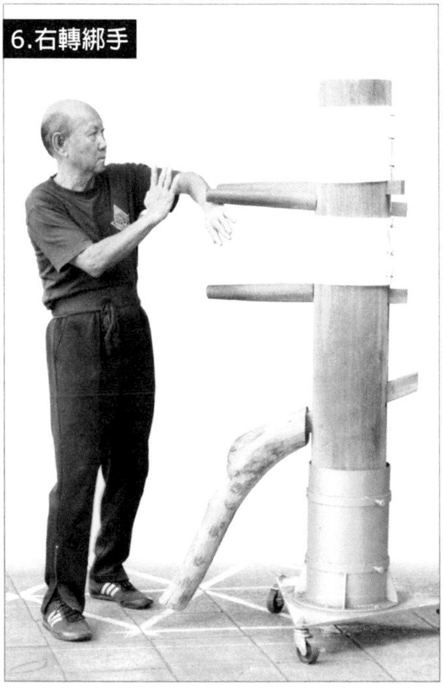

6.右轉綁手

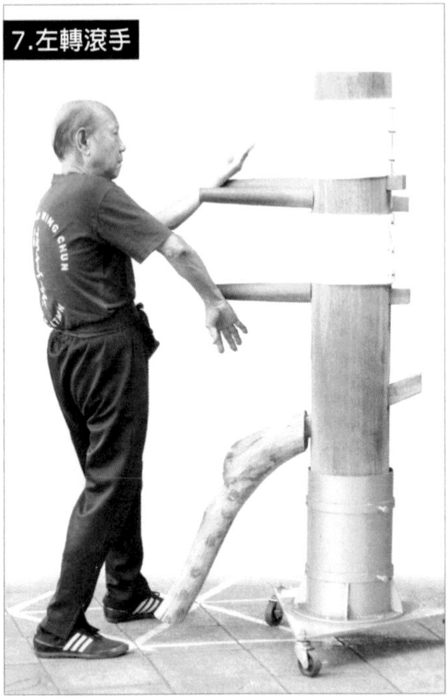

7.左轉滾手

8.右轉滾手

9.高位滾手

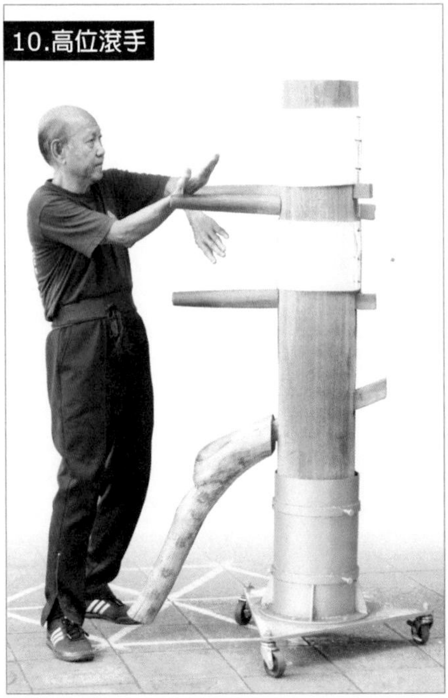

10.高位滾手

11.圈手

12.圈手

13.綁手

14.攝馬

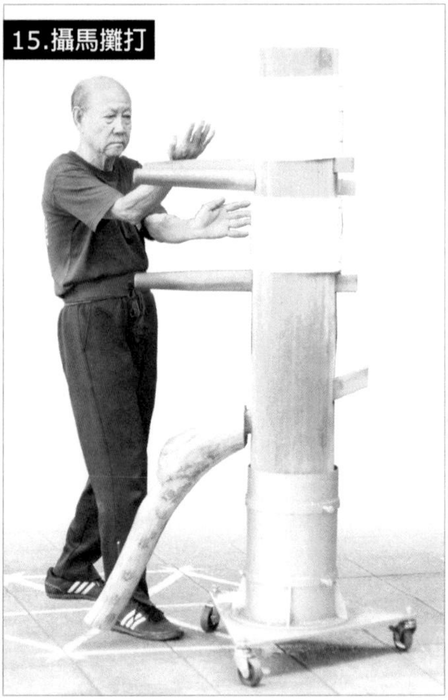

15.攞馬攤打

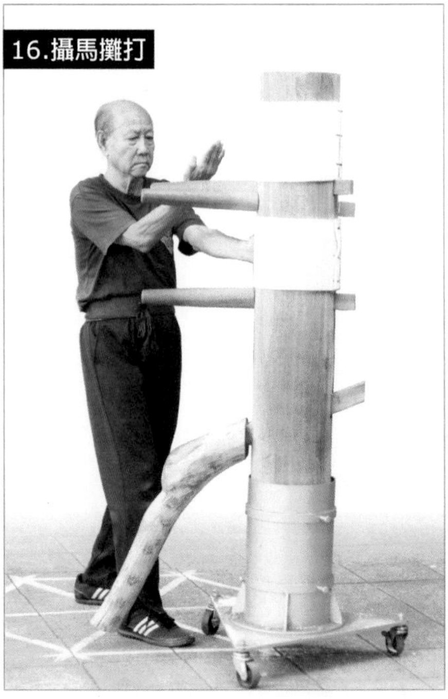

16.攞馬攤打

17.綁手

18.轉身殺手

19.轉身殺手

20.低綁

21.轉馬低綁

22.轉馬低綁

23.拍手殺手

24.滾手

25.滾手走位

26.攤打

29.攝馬拍打

27.按手

30.滾手

28.按手

33.耕手

31.滾手入手抱牌

34.耕手入手抱牌

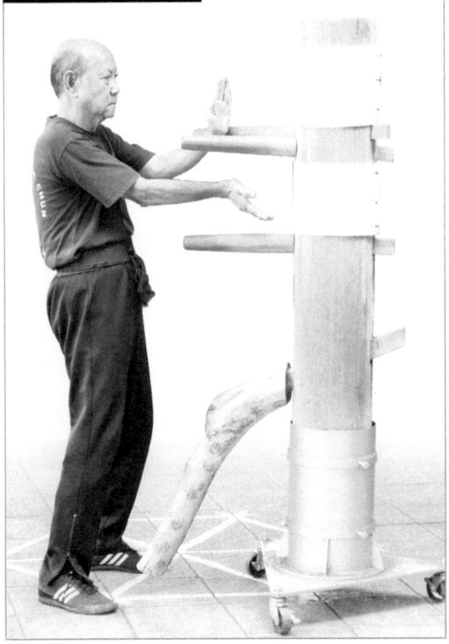

32.正身抱牌

35.正身抱牌

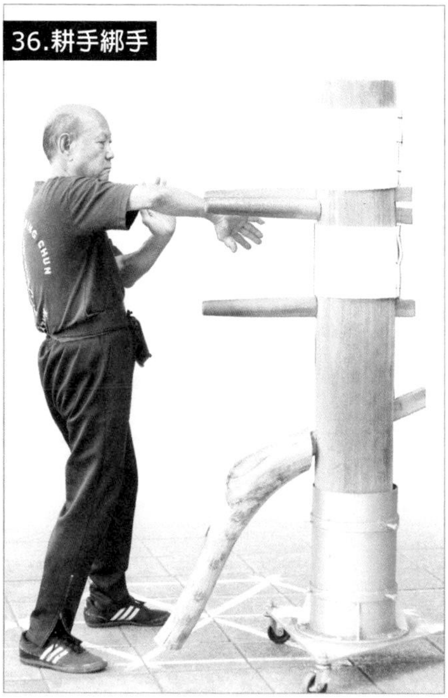
36.耕手綁手

37.漏手入抱牌

38.漏手抱牌

2. 木人樁腳法

1.轉身低綁

2.攝馬拍殺

3.收腳綁手

4.綁手側踼

5.轉身綁手

6.走位攝馬

7.攤踢

8.綁手

9.攝馬攤手走位

10.攤手側踢（用時可踏踢對方后馬）

11.穿手直踢

12.轉身踏踢

13.綁手接手

14.瀉身走手

15.瀉身拍踢

16.接手

17.接手綁手

18.轉綁手為抐踼

19.圈手

20.抐手直掌

21.收樁雙抐手

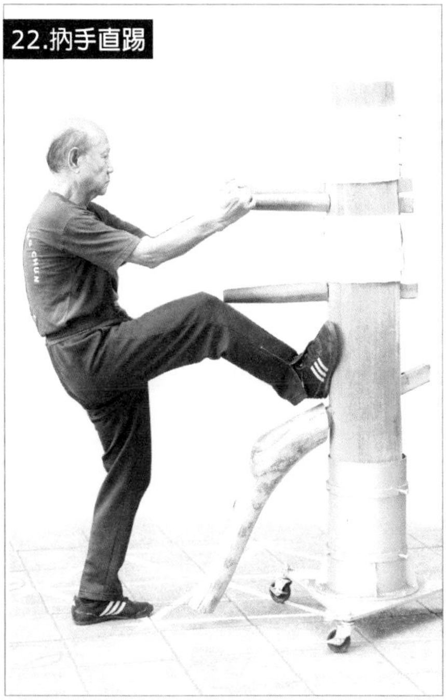

22.抐手直踢

3.三角樁（又名三腳樁，也稱品字樁）

1.穿手踢腳

2.穿手直踢

3.綁手側踢

4.綁手走位

5.入馬側踼

6.穿手拍腳

7.左右拍腳

8.綁手側踼

4. 八斬刀

1.雙手擺出樁手

2.滾刀（捆刀）

3.捆刀攤斬

4.耕刀

7.耕攤抐斬

5.耕刀

8.返刀

6.耕攤

9.返刀過程

10.左右返刀

11.左右返刀

12.攔刀下劏

13.攔刀

14.攔刀橫撇（斬）

15.攔刀橫撇（斬）

16.攔刀橫撇（斬）

17.擱刀

18.擱刀橫撇（斬）

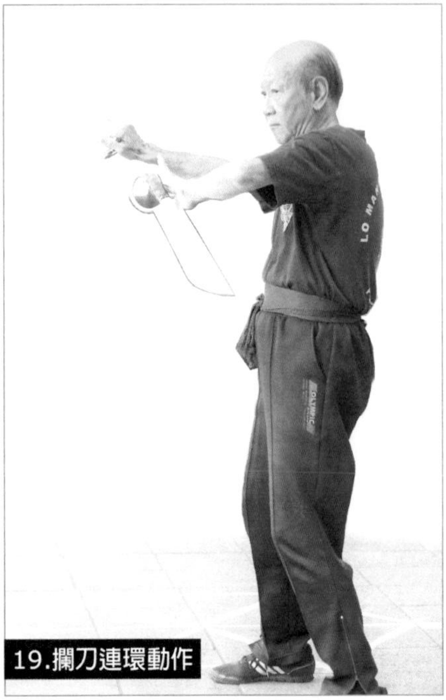

19.擱刀連環動作

20.擱刀連環動作

21.攔刀連環動作

22.攔刀橫撇（斬）

5.六點半棍

1.標棍

2.收棍（抐棍）（扰棍）

3.釘棍

4.移位釘棍

5.撐棍

6.彈棍

7.走位

8.提棍

9.蹬棍

10.蹬棍（另一角度）

11.蹬棍（另一角度）

詮釋舅父葉問宗師

生前之教拳心得

學詠春不是一套拳一套拳練下去，但是有一些人只學了一兩套拳就出來自命為師父授徒，確實也有些人為了在別人面前表現出他也學到了詠春拳的兩三套拳法，這應當是自我滿足的自欺欺人吧！

簡單舉些例子，有些人有許多女朋友，卻沒有老婆，最後只能孤苦伶仃的單獨終老一生。又比如有人擁有數部名車，自己卻不會開車，凡事只能被動仰賴他人，一旦身敗名裂之後也就一無所有了。一切的一切正如古人常說的：「銀樣蠟槍頭」，也就是中看不中用。如同全身凹凸標緻的美女原來是經過整形打針後改造出來的，容易弄得全身疼痛與失敗變形。學習功夫不是用來擺設的，更不是自我的膨脹。人們形容這樣的人是「老鼠躺天秤」，自稱自秤、自吹自擂。

也有人疑問全中國功夫都沒有「黐手」，為什麼詠春會有，於是就出現了「黐手」無用論的說法，像這些人只會自大自以為是，一是學技不足，二是未得良師教導，三是只學得詠春的表面功夫，就以此來行騙執教。另外，有些教者也會把「黐手」變成相互配合，喜歡如同功夫電影般套招過癮，像這類人都是學技不足、誤人子弟，說得不好聽一點，除了是自大狂以外，就是打著教功夫之名行騙。

詠春的「黐手」不是要練習去打人（可能有些教者會教一粘上手就要打手），這樣的話是無法發揮與學習「黐手」的運用，也會誤解「黐手」是拳套中動作的發展延伸。另外，強調一黐上手就打手，也等於鼓勵打殺的殺戮行為，而不是教導學習者技術的演進，這種強調打手的思維是一個錯誤且霸道的教育。試想，學習者心存殺戮，其拳術會有進步嗎？這樣的教者一定是忘記了葉問宗師生前強調的「活人練活死功夫」、「今天不把功夫學好，他日要跪在地上求外國人教你詠春拳」等師訓或祖訓。

事實上，「黐手」是詠春不可省略的重要環節，是詠春必學的動作。「黐手」不是打人或是打架，它是把學過的拳套透過「黐手」成為一段一段的靈活動作反應。「黐手」練習的增進，可以說是集結你的詠春拳的財富，把你學得的拳套成為隨手可用的動作，不斷的「黐手」就能增強你的接觸反應，唯有熟練「黐手」才能達到自然反射。如果學習者自認為學拳就是學習攻擊別人，那你大可不必學習詠春，買一把刀不是更快嗎？那又何必辛辛苦苦地學習詠春呢？

是故，詠春「黐手」是要使你在突然遇到危險攻擊時能有即時的反應，這樣瞬間的自然反射動作必須要靠熟練「黐手」而來，才有可能臨危不亂，兵法說亂則取之，亂則攻之，平時要把動作練到穩定自然發揮，就必須要靠「黐手」練習。首先要自保，所以你必須要放下殺戮的思想。不必心存如何打倒對方，應是將學會的動作結合成為一系列的動作，不必計較去打倒對方，有了良好的反應自然得到如何保護自己以及退敵。

不斷的「黐手」就是使你將學會的拳套，透過接觸反應擴大動作的使用與發揮，而不是一味搶著去攻擊對方，因為只會打人而不會功夫，這樣你就失去了應用變化的基礎，也無法傳承師父的衣缽。我們常說老兵不死，是因為他會在戰場上發揮各種的動作，而新兵呢？只會開槍殺人。同樣的，若是你只會出拳搶打，那不會詠春拳的人也可以出拳搶打啊，甚至小孩也會打人，那學習詠春的意義何在呢？首先就是思想的錯誤，如同一個學木刻的藝者只會做粗工而不會做出精細的雕刻作品，這樣只能說是個工匠。

但一些教者為了滿足學者貪打的個性，強調不必練「黐手」，接觸就打，殊不知葉問宗師生前極反對搶打、偷打，一再強調「朝形」、「追形」，「有手黐手、無手問手」，常謂「點點朝午」、「步步追形」、「來留去送」、「甩手直衝」，卻沒有一「黐手」就打的觀念。葉問宗師於一九五〇年在香港飯店工會首授詠春拳，早期弟子梁相早已仙逝，飯店工會弟子駱耀、葉步青、招允等也一一仙逝了。本人是葉問的外甥，也年過八十了，多年遊走歐美等地教學，能夠口傳葉問宗師生前遺訓者人也無多人了，宗師在一九七〇年後已不廣收門徒了，確實葉問宗師生前沒有強調過一黐手就打的殺戮行為。因為強調打並非良策，因為不能連續「黐手」的運作，也難把葉問宗師生前的教導期望的詠春拳技世代傳承。

「黐手」除了從接觸感覺平時所練的動作之外，更要注意位置和距離，不能隨便左右移動，所以詠春拳教者如葉問宗師生前經常強調「朝形」與「子午位」，前進與退馬都要配合手上的動作，不能隨便動來動去。

至於「黐手」與打架是兩回事，「黐手」是把學會的拳套動作分解結合運用，如同數學裡的開平方開三方，由慢慢增進變成熟練可行，達到用時自然反射，所以詠春拳術中有「來留去送、甩手直衝」等術語。是故，「黐手」是從慢慢增進達到妙用、巧用，不需要事事都用思想去指揮動作，不可能有看招破招、看形破形，確實等你想到了也失去了時間性，無法達到克敵於先或是克敵要在敵動之前。因為沒有了反射動作，就是被動的，再說：一是敵不會等你去想，二是任何攻擊都是突然的，三是想如何如何都是一廂情願，四是應該從接觸即時反應出動作。是故，功夫的練就需要透過「黐手」去熟練、習慣。

葉問宗師生前提到的「步步追形」、「點點朝午」、「來留去送」、「甩手直衝」，我們深入去探究「步步追形」、「點點朝午」就是兵書中的戰鬥位置和戰鬥距離，「來留去送」、「甩手直衝」就是兵書中的強則避之、弱則攻之，所以練習「黐手」不是相互配合的遊戲或是運動，主要是在「黐手」過程中，開發學者的大腦，因為功夫也好，戰地指揮官也好，不是單一思想我想做什麼，一切的一切都是透過現場反應發揮出來。

詠春沒有固定破招的方式，也沒有何招破何招，當然也沒有如何擋、如何架，葉問宗師生前要求弟子要把練好的拳套結合個人的生理及思想反應，動作與動作串聯起來，成為一系列的動作，只要靈活的串聯就是好動作，當然不能強求應如何串聯在一起，因為每個人對熟練動作程度不一，如有人「綁手拁打」，有人「綁手拍打」，有人「綁手穿手」，有人「綁手攤打」，當然也有人「綁手迫身」，確實數之不盡，熟練的動作就可以順勢而行，當然不能搶打、偷打，或是想了再打。

切記一切的危險加附在身上的都是突然而來的，所以稱之為襲擊或是偷襲，沒有給你準備，所以就沒有如果，應該預先進行的就是「黐手」，因為「黐手」是要加強你身體的接觸反應，絕不是打人。有了反應才能把平時所學的靈活運用，如同戰場上的指揮官行軍佈陣，不可能部隊一接近戰地就發動散兵游擊戰。所以「黐手」是如何發揮所學，而非存心打鬥。況且行軍佈陣就是找機會接近敵人，沒有只見到三五散兵即行大舉衝殺，只有不諳兵法的人才有可能這樣。同樣的只有不會詠春的人才說不需要「黐手」，才會說出一接手就打手的衝殺錯誤觀念。那詠春的祖宗梁贊、陳華順、葉問不是教錯了嗎？如果一接觸就斬殺，那部隊的「探子」又作何用呢？古人云「沐猴而冠」，意旨一個人徒具其表、毫無內才，暴躁輕浮、不能成事。各位要記著你們是學習詠春的，不是流氓混混或是古惑仔，更不是參加殺手訓練班。

後記

我國在七、八十年前的功夫期刊，因為攝影及印刷技術的不完整，功夫的編寫都是以連環圖畫的方式呈現的。更有使用早期的木板印刷，在連環圖畫中畫出如何是猛虎下山、雙龍出海、白鶴亮翅、或是羅漢拜觀音……等等。詠春拳出現在社會以後，有「小念頭」的書本，更有「木人樁法」書本，有用中文書寫的，也有用英文書寫的，確實給人們更多關於詠春拳的認識，但也誤導了以為看書畫學招式就可以練就功夫。葉問宗師生前曾強調，學詠春一定要透過「黐手」，更要在不同人的習慣上練得更多不同的反應，看書或是圖片實無法把死招式變成活招。當然著書者可以獻出教學經驗，或是科學解說的引導，使學習者得到更多關於拳術理論與實戰應用的知識，並且獲得思想的開發與觀念的啟發。

本書的內容主要是以本人近四十年的教學心得筆記一一編寫串聯起來的，不強調見招破招或是如何打倒對方的機械式寫法。如果學拳者抱著如何殺戮的思想，就無法體會詠春拳的生命精神，希望打倒對方這也是極端錯誤的想法。在我近四十年的教學生涯中，訓練過來自軍中或是特勤的人員，他們是國家與社會安寧的保衛者，主要任務在於維持國家與社會的秩序和安全，使他們在執勤過程中可以保護自己並且完成維安的任務。一般平民百姓來學拳，當然也不能抱著殺戮或是擊倒對方的思想，如果要傷人何必學功夫，隨便拿把刀或是槍，豈不是更快?所以，學拳者的心態要擺正，端正思想後才能進入詠春拳術的奧妙殿堂。

詠春拳，不是強調傷人，其動作之變換都能以物理學、數學和生理學來進行解說，不是一味的強調如何打。有了基本的動作練習之後，主要是練完「小念頭」第一套拳之後，學拳者就進入了「黐手」的訓練。這時就更進一步結合兵學和戰爭學來解說實戰的應用，如我國留傳下來的「孫子兵法」。既然要學得更多且更深入的功夫，我認為：「學文的可以不去學武，但是學武者一定要學文」。

事實上，詠春的「黐手」是從接觸感覺中去發揮所學，不必急著去做出思想上的動作，因為只有這樣的科學引進，才會把你熟練的動作永遠存在自己的腦波當中，一旦情況發生時，就會即時發揮所學以因應危機的來襲。學拳如同疊羅漢似的，需要一步一步增進，也如同農夫耕地施肥，急之不得，施肥過多與過急反而會導致作物的枯萎。貪多嚼不爛、物極則必反，學拳者需要慢工出細活，培養自己的心性和耐性。詠春拳尤其是細膩的功夫，需要達到熟能生巧與靈活運用，則需要改變我們平常不正確的用力習慣和以為功夫就是殺戮的錯誤觀念。

如果要達到熟能生巧與靈活運用，能夠在危險出現時即時反應所學，就不必去記死招式或是如何破招，詠春拳講究的是學以致用而非舞台表演。詠春拳是要接觸反應所學，要使動作發揮出來就不能有我想如何如何的自大狂心態。詠春拳是極具科學原理，筆者在書中已經多次強調，詠春拳的學習者必須按部就班的走下去，才能練就功夫，成為詠春拳的傳承者，而不是詠春拳的俘虜。

本書內容有不同論述，期望能夠給愛好詠春拳的學習者更多關於葉問宗師傳下來的功夫武術，增進學習者更多關於詠春拳的認識和了解，使其進而有更多的投入和更廣的傳承。這裡我再次重申葉問宗師生前對門下弟子一再鼓勵的一段話：「今天有機會你們都不把詠春拳練好，他日中國人一定要跪在外國人面前，求他們教你詠春拳」。所以，這裡我特別引出古文書中蘇軾寫的一篇文章——〈留侯論〉的開篇一段話：「**古之所謂豪傑之士，必有過人之節。人情有所不能忍者，匹夫見辱，拔劍而起，挺身而鬥，此不足為勇也。天下有大勇者，卒然臨之而不驚，無故加之而不怒，此其所挾持者甚大，而其志甚遠也。**」正因如此，詠春拳的學拳者應該走出正確的方向，既不是強調打殺、也不是強調各種動物形態，更重要的是能夠每事以科學引證，所以，十九世紀末以來，一向重視科學的歐美日等國家紛紛有人投入詠春拳的學習行列，這也使得我們中國人有了危機意識，是故，詠春拳的學習者應有更長遠的志向，所以說，中國人一定要把詠春拳學好，更要往下傳承下去。

附錄　向盧師父學詠春

胡逢瑛

盧師父出生於名門望族，其先祖來自於廣東武學聖地的佛山，這樣的先祖血脈給了盧師父獨一無二的學武條件，而詠春拳正是源自於這個具有民族文化和革命精神的地方。盧師父經歷中國近代最大的戰爭與劇變，輾轉來台之後又學習軍事作戰，大的時代背景與環境賦予了盧文錦師父承襲詠春拳脈最深厚且最寬廣的視野和內涵。

師父常說：「詠春拳不是用來打人的，最重要的是敵人打不到我」。簡單的一句話卻是道破了詠春拳術的完全精髓。《孫子兵法》中提到：「善攻者，敵不知所守；善守者，敵不知所攻」。中國古老思想強調：「窮則變、變則通」，天無絕人之路，詠春拳顧名思義，創造者必定是希望以這套拳術傳遞生命永恆和無限希望的價值，拳理當中注入了這套拳術清澈善良的靈魂。

那麼，如何才能悟得詠春之道？到底詠春拳要付予我們了解的精神為何？什麼才是詠春拳要傳達給我們的最核心訊息？拜讀盧文錦師傅的手卷無疑是非常重要的路徑。

師父還經常說：「光是靠想的沒有用，要做得出來才是真實的；動作不是從思想中產生或由目視去指揮，而是接觸來手瞬間感覺後的自然反應」。確實是，許多人都犯有紙上談兵、說三道四的壞毛病，能夠切實執行並且為他人有所貢獻者，卻是寥寥可數，鮮少矣。功夫無百日成，需要學習者全心投入，方能熟能生巧，達到隨心所欲、來去自如的境地。有了恆心和毅力，鐵杵也能磨成繡花針。師父所說的這些道理，卻也難為急於求成者所領悟。問題的關鍵不在於動作的樣貌，而是在於動作的發揮，也就是我們能夠做到的有多少，這完全端看習武者的個人天賦和後天努力。

的確，詠春拳宛如人生哲學，需要有足夠的智慧與人生經驗方能領略其中的一二奧妙。這樣，學習詠春拳就不僅僅是學習招式，因為無招更勝有招，想想師父為什麼一再提醒我們學習者：詠春拳沒有招式形象和破招化招的問題？如果一切動作本身都沒有力量，力量也不是從你思想上想像的任意妄為中產生，而是在具備了時間、距離、位置和瞬間接觸反應等條件中產生力量，那麼，所有的招式就不關鍵了，因為動作都是「虛實」的表現，所有的動作就在「虛實」當中變化萬千。如果有形有招就會擺架子，而框架是死的，死的動作就會產生阻力，也就是中看不中用。所以師父經常轉述葉問宗師說的話：「活人練活死功夫，不要把功夫練死了。」詠春拳的「沉肘埋中」強調動作永遠要在中線保護我們自己的安全，永遠在「朝形」面對敵人並且隨時可以突破敵人的中央地帶，這完全就是師父經常講的：詠春的運用要汲取兵書的作戰原理。因為詠春的動作一切都是在「虛實」中變化，當我擺出詠春的樁手動作時，我永遠是要「立於不敗之地」，所以，詠春的動作似乎沒有攻擊的動作，但是每個動作都具有攻擊獵殺的作用。這裡面有一種面對敵人永不屈服的頑強精神，最後敵人終究在這種頑強不懈的精神中低頭放棄。也因為詠春拳永遠在這裡守住自己的防線，不讓敵人有任何入侵的機會，所以，所有的動作在變化中可以完全化解敵人給我的危機。

文化是具有在地民族個性、相通語言和共同記憶的生活特點。廣東一地在歷史上擁有了孕育詠春拳萌芽的多元包容、頑強反抗和自由革命的環境土壤，富有保家衛土的民族精神。也就是師父在詠春拳流史中提到的滿清入關屠殺和反清復明的革命事蹟，以及當國家民族遭遇到日本侵華的欺侮，使我們體會到我中華民族對日抗戰堅忍不拔的精神。那麼，我們或許可以從中理解廣東之地為什麼會有中國禪宗始祖六祖惠能的產生，培養出革命家如中華民國的國父孫文，以及名滿天下的詠春拳始祖及其傳人如：梁贊、陳華順、葉問等等人物了。所以，我感覺師父在傳授詠春拳方面是具備了得天獨厚的個人素質與條件，而我們學習者也是極其有幸，能夠在台灣接觸到這門高深的拳技武學，更何其有幸能夠師承盧文錦師傅，窺探得一二詠春武學殿堂之奧妙玄絕。

師父還經常說：「切莫妄想一步登天」。學習詠春拳者需要從中國傳統的哲學當中去參透與悟道。師父強調不要老想著去打人，主要目的是在於讓我們先消除內心逞強好鬥的勝負心，一旦內心有了勝負與得失之心，學習詠春的心情就會如同乘坐雲霄飛車般的忽上忽下，很難穩定發揮應有的實力，是故古人亦云：「匹夫見辱拔劍而起，挺身而鬥，此不足為勇也」，對於詠春學習者而言，這個意思就是指容易受到外界干擾激怒而好逞兇好鬥者的此類人並沒有學到真正的功夫。師父常告誡弟子：「功夫的高低不是靠打人來決定的」，因為今天你打人了，或許明天你也被別人打了，相互鬥毆的結果只是增加殺戮之氣罷了，更甚者就送進監獄裡吃牢飯，最後人生到頭來仍是落得一無所成。

幾位學習詠春拳的同門先進師兄都告訴我們：學習詠春也是學習一種退讓的精神，有退才有進，不會兩人僵持在那裡鬥力，鬥力不是詠春，故詠春之妙在於借力使力，方可使敵彈盡糧絕，這完全符合兵書中「因糧於敵」的道理。詠春拳是與對方來手接觸後的瞬間反應，要對敵人的動作做出相應的反應，在黐手的過程中我們學習如何做到攻防同時，因此無須見招拆招，也沒有固定招式和形象。如何能夠鬆脫對方的攻手並且使自己總是抽出一隻手出來在胸前保護自己，控制有限的力量維持結構的穩定而不僵硬，不能任人隨意把自己的手撥開而任人宰割的同時，卻能迎刃而解飛來的難題。故學拳非一朝一夕可以功成名就，需要時間熟練動作而達到游刃有餘，總之學詠春無法速成。課堂間也會有幾位執教師兄給予學拳者許多個人多年心血的結晶指導，還有許多師父的弟子都在傳承盧文錦師父的詠春拳學。

師父經常鼓勵學習詠春者必須要有遠大的志向，他認為學拳如用兵，詠春講求的是天時、地利、人和等等各項要素俱備的謀定而後動的定見瞻觀，故《孫子兵法》中有云：「百戰百勝，非善之善者也；不戰而勝，善之善者也。」也就是：真正高明者，是不費一兵一卒就可以達到不戰而驅人之兵的效果，畢竟久戰則頓兵挫銳、彈盡糧絕、民不聊生，必定引起民怨沸騰與國家危亡，故兵法講求的是：非危不戰，兵貴速、不貴久。倘若細心汲取兵法於詠春之道，方能消弭好戰而輕道的失敗觀念。

盧文錦師傅在傳授詠春拳上的成就與貢獻，還有盧師傅與葉問宗師的甥舅親屬關係，以及詠春拳脈源自於廣東「紅船」的歷史與文化背景等等綜合因素，使得師父得天獨厚，這也決定了他老人家必定將在傳承詠春拳術史上名留青史。也惟有像師父這般飽腹學識和經歷豐富的人物，才能把詠春拳史、拳術、拳理……等等問題，詮釋地如此精闢入裡、形象生動與淋漓盡致！

回想當初與師父在討論為其出版專書的時候，在面對師父給我的手寫筆記以及他過去發表文章的一疊疊雜誌時，我內心既是興奮的、也是緊張的，因為想想這是師父畢生的心血，而我本身對詠春拳的認識卻還很淺薄，但憑藉著個人的熱忱與決心，所以我決定盡自己的棉薄之力，以最嚴肅和最認真的態度來執行整稿的工作。所以，整理師父的筆稿並且將其付梓出版，就是我這段期間學習詠春拳當前之際最重要的使命與任務了。在抄錄師父筆記的過程中疏漏在所難免，還祈各方先進不吝指正為荷。

藉著師父出書的千載難逢機會，首先我要感謝師父願意信任我，讓我協助他整理大部分的稿件，因為我覺得做這件事情很有意義，也很快樂，儘管自己平日也相當忙碌，有時候在撰打文字時也會感到疲累，但是我還是盡量去克服在過程中出現的浮躁心情，覺得這也是磨練自己的心性。此間，師父也經常在打好的稿件上不斷修改或是補述重要觀念，同時，我也得此因緣機會可以仔細閱讀師父的心得筆記。在這段期間，我感受到學習詠春拳的手法需要學會用一種棉軟持續不斷的力量去牽引任何厚重的力量，「安則靜，危則動；方則止，圓則行」的概念對於我們處理人際關係的進退應對是非常有助益的。我們學習為人處世之道也在於如何可以做到「綿裡藏針、行方思圓」，其意涵不僅是柔中帶剛，其實關鍵時還有一針見血的精闢深邃力道。

最後，要特別感謝秀威資訊的發行人宋政坤先生、編輯邵亢虎先生和責任編輯鄭伊庭小姐的慧眼，是他們廣闊的胸襟視野和獨到的專業眼光，幫助我們完成了這項具有民族精神和文化傳承的重要歷史任務。在此，再次謝謝他們以及所有幫助過我們精進與傳播詠春拳術的先進朋友。

胡逢瑛

盧文錦詠春拳總會會員

二〇一四年一月十六日

健康Life13　PE0068

新銳文創
INDEPENDENT & UNIQUE

盧文錦詠春拳
──歷史、思想與方法

作　　者	盧文錦
整　　理	胡逢瑛
攝　　影	邱鈺鋒
責任編輯	鄭伊庭
圖文排版	賴英珍
封面設計	蔡瑋筠

出版策劃	新銳文創
發 行 人	宋政坤
法律顧問	毛國樑　律師
製作發行	秀威資訊科技股份有限公司 114 台北市內湖區瑞光路76巷65號1樓 電話：+886-2-2796-3638　傳真：+886-2-2796-1377 服務信箱：service@showwe.com.tw http://www.showwe.com.tw
郵政劃撥	19563868　戶名：秀威資訊科技股份有限公司
展售門市	國家書店【松江門市】 104 台北市中山區松江路209號1樓 電話：+886-2-2518-0207　傳真：+886-2-2518-0778
網路訂購	秀威網路書店：https://store.showwe.tw 國家網路書店：https://www.govbooks.com.tw

出版日期	2015年3月　BOD一版 2018年11月　二刷
定　　價	450元

國家圖書館出版品預行編目

盧文錦詠春拳 : 歷史、思想與方法 / 盧文錦著. -- 一版. --
臺北市 : 新銳文創, 2015.03
面 ;　公分
BOD版
ISBN 978-986-5716-51-6 (平裝)

1. 拳術 2. 中國

528.972　104001824

讀者回函卡

感謝您購買本書，為提升服務品質，請填妥以下資料，將讀者回函卡直接寄回或傳真本公司，收到您的寶貴意見後，我們會收藏記錄及檢討，謝謝！

如您需要了解本公司最新出版書目、購書優惠或企劃活動，歡迎您上網查詢或下載相關資料：http:// www.showwe.com.tw

您購買的書名：________________________________

出生日期：________年________月________日

學歷：□高中（含）以下　□大專　□研究所（含）以上

職業：□製造業　□金融業　□資訊業　□軍警　□傳播業　□自由業

□服務業　□公務員　□教職　□學生　□家管　□其它____

購書地點：□網路書店　□實體書店　□書展　□郵購　□贈閱　□其他

您從何得知本書的消息？

□網路書店　□實體書店　□網路搜尋　□電子報　□書訊　□雜誌

□傳播媒體　□親友推薦　□網站推薦　□部落格　□其他________

您對本書的評價：（請填代號　1.非常滿意　2.滿意　3.尚可　4.再改進）

封面設計____　版面編排____　內容____　文／譯筆____　價格____

讀完書後您覺得：

□很有收穫　□有收穫　□收穫不多　□沒收穫

對我們的建議：________________________________

____

____

____

請貼
郵票

11466
台北市內湖區瑞光路 76 巷 65 號 1 樓
秀威資訊科技股份有限公司 收
BOD 數位出版事業部

(請沿線對折寄回，謝謝！)

姓　　名：＿＿＿＿＿＿＿＿＿＿　年齡：＿＿＿＿　性別：□女　□男

郵遞區號：□□□□□

地　　址：＿＿＿＿＿＿＿＿＿＿＿＿＿＿＿＿＿＿＿＿

聯絡電話：(日)＿＿＿＿＿＿＿＿＿＿(夜)＿＿＿＿＿＿＿＿＿＿

E-mail：＿＿＿＿＿＿＿＿＿＿＿＿＿＿＿＿＿＿＿＿